看好未來的你

不要自己嚇自己

看好未來的你，不要自己嚇自己

編　　著　戴文傑
出 版 者　大拓文化事業有限公司
執行編輯　洪千媚
封面設計　林鈺恆
內文排版　姚恩涵

總 經 銷　永續圖書有限公司
劃撥帳號　18669219
地　　址　22103 新北市汐止區大同路三段一九十四號九樓之一
TEL　(〇二)八六四七—三六六三
FAX　(〇二)八六四七—三六六〇
E-mail　yungjiuh@ms45.hinet.net
網　　址　www.foreverbooks.com.tw

CVS代理　美璟文化有限公司
TEL　(〇二)二七二三—九九六八
FAX　(〇二)二七二三—九六六八

法律顧問　方圓法律事務所　涂成樞律師

出 版 日◇二〇一八年九月

國家圖書館出版品預行編目資料

看好未來的你,不要自己嚇自己 / 戴文傑編著. -- 初版.
-- 新北市 : 大拓文化, 民107.09
面 ;　公分. -- (聰明心 ; 4)
ISBN 978-986-411-079-7(平裝)
1.人生哲學 2.通俗作品
191.9　　107011612

序言

一位老和尚想從兩個徒弟中選一個作衣缽傳人。

一天，老和尚對兩個徒弟說：「你們出去給我撿一片最完美的樹葉。」

兩個徒弟遵命而去。

時間不久，大徒弟回來了，遞給師傅一片並不漂亮的樹葉，對師傅說：「這片樹葉雖然並不完美，但它是我看到的最完整的樹葉。」

二徒弟在外面轉了半天，最終卻空手而歸，他對師傅說：「我見到了很多很多的樹葉，但怎麼也挑不出一片最完美的。」

最後，老和尚把衣缽傳給了大徒弟。

也許在人生中，我們都會遇到這樣的情景，一心只想盡善盡美，最終卻常常是兩手空空。其實在這世界上本就沒有完美無缺的事物，我們所能做的就是儘量完美。

PART 1

我有一個夢想

人人會爬山，但不一定都能走上山頂，人人都有理想，但不同的理想會把人引向不同的路。目標決定成就，你的眼光有多遠，成就就會有多大。

PART 2

體會人生

不管是一棵草、一棵樹，還是一個人，怎樣的條件就會造成怎樣的命運。不要盲目去追尋那些看上去很美麗但不適合自己的東西。

PART 3 人格的力量

在面對上帝賜予的不完美與缺陷時，如果你只是一味的恐懼和逃避，將失去任何一次戰勝自己的機會。

PART 4 智慧人生

只有經歷磨難，能夠不屈不饒地從打擊和困難中站起來的人，才能戰勝對手，戰勝自己，戰勝阻礙自己前行的一切阻力。

PART 5 感悟真、善、美

好好留意你的四周，許多你以為稀鬆平常的事，說不定都蘊藏著不為人知的價值，或許是一本不起眼的書籍，一句偶然飄過耳邊的話……

PART 6

朋友之情

真正的朋友應該是在你危難時挺身而出，與你並肩作戰的人。

PART 7 愛的領悟

愛是世界上最神奇的禮物，當你願意真誠而友善地付出一份愛心時，你會驚訝於它所帶來的巨大回報。

PART 8 愛的滋味

家務事為什麼難斷？就是因為許多生活小事本就無對錯，需要的只是一點寬容和體諒。不要一味地抱怨，要知道，沒有不能改變的境況，只有不肯追求的心。

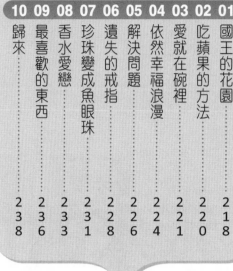

看好未來的你

不要自己嚇自己

PART 1

我有一個夢想

每個人都會有屬於自己的夢想，但在夢想與現實之間，往往存在著一條很難跨越的鴻溝。如何將夢想與現實合二為一，成為每個人日夜思考及努力爭取的目標。現實生活中，不論你離夢想有多遠，都不要放棄，要堅持努力，相信成功就在不遠的前方。

01 是百合，就要開花

在一個人跡罕至的山谷上，有一個高達數千尺的斷崖，不知道什麼時候，斷崖邊上長出了一株小小的百合。

百合剛剛誕生的時候，長得和雜草一模一樣，但是，它心裡知道自己並不是一株野草。

它的內心深處，有一個念頭：「我是一株百合，不是一株野草，唯一能證明我是百合的方法，就是開出美麗的花朵。」

有了這個念頭，百合花努力吸收水分和陽光，深深地扎根，直直地挺著胸膛。終於在一個春天的清晨，百合的頂部結出了第一個花苞。

百合的心裡很高興，但附近的雜草卻很吃驚，它們在私底下嘲笑著百合：「這傢伙明明是一棵草，卻偏偏說自己是一株花，還真以為自己是一株花，我看它頂上結的不是花苞，而是頭上長瘤了。」

它們譏諷百合：「你不要做夢了，即使你真的會開花，在這荒郊野外，你的價值還不是跟我們一樣。」

偶爾也會有飛過的蜂蝶鳥雀，牠們也會勸百合不用那麼努力地開花：「在這斷崖邊上，縱然開出世界上最美的花，也不會有人欣賞呀！」

百合說：「我要開花，是因為我知道自己有著美麗的花朵；我要開花，是為了完成生為一株花的莊嚴使命；我要開花，是為了要藉著開花來證明自己的存在。不管有沒有人欣賞，不管你們怎麼看我，我都要開花！」

在野草和蜂蝶嘲笑的目光下，野百合努力地釋放出內心的能量。

一天，它終於開花了。

它那猶如雪花般的白色花瓣與那秀挺的風姿，成為斷崖上最美麗的風景。

這時候，野草與蜂蝶再也不敢藐視它了。

百合花一朵一朵地盤開，每天花朵上都有晶瑩的水珠，野草們以為那是昨夜的露水，只有百合自己知道，那是極歡喜所結成的淚滴。

年年春天，野百合都努力地開花、結籽，它的種子隨著風，落在山谷、草原和懸崖邊上，到處都開滿了潔白的野百合。

幾十年後，遠在百里外的人，從城市與鄉村，千里迢迢趕來欣賞百合開花，聞著百合的芬芳。

後來，那裡被人們稱為「百合谷地」。

不管別人怎麼欣賞，滿山的百合花都謹記著第一株百合的教導：「我們要全心全意默默地開花，以美麗的花朵來證明自己的存在。」

先認清自己再證明自己——

做人就要像野百合那樣，默默地開花來證明自己的存在。只有瞭解了自己，才能結出美麗的果子。

02 第一個果子

有一天，俄羅斯作家克雷洛夫在大街上行走，一個年輕的農民攔住他，向他兜售果子：「先生，請你買些果子吧，但我要告訴你，這筐果子有點酸，因為這是我第一次學種果樹。」年輕農民很笨拙地說著。

克雷洛夫對這個誠實的農民產生好感。於是他買了幾個果子，對他說：「小夥子，別灰心，以後種的果子就會慢慢地甜了，因為我種的第一個果子也是酸的。」

農民聽了很高興，他為找到一個「同行」而高興。

「你也種過果樹？」

克雷洛夫解釋說：「我的第一個果子是我寫的《用咖啡渣占卜的女人》，可是這個劇本沒有一個劇院願意上演。」

第一個果子是酸的，這在生活中是一個普遍的規律。

海明威最初寄出的幾十篇短文全部被退了回來，莫泊桑也是到三十歲才發表第一件作品，但這些人都沒有放棄，最後終於成為了大作家。

不懈的努力——

任何人的成功除了機遇之外，必不可少的是經驗累積和不懈的努力。每一個成功者，最初的時候和初學種果樹一樣，第一次收穫的並不一定是甜甜的果子。

03 勇氣敲響成功

聽說英國皇家學院公開為大名鼎鼎的教授戴維選拔助手，年輕的裝訂工人法拉弟激動不已，趕忙到選拔委員會報了名。但臨近選拔考試的前一天，法拉第被意外通知，取消他的考試資格，因為他是一個普通工人。

法拉第愣住了，他氣憤地趕到選拔委員會。

但委員們傲慢地嘲笑說：「沒有辦法，一個普通的裝訂工人想到皇家學院來，除非你能得到戴維教授的同意！」

法拉第猶豫了，他顧慮重重地來到了戴維教授的大門口。

他在教授家門前徘徊了很久，終於他敲了門。

門開了，一位老者正注視著法拉第，「門又沒有鎖，請你進來。」老者微笑著對法拉第說。

「教授家的大門整天都不鎖嗎？」法拉第疑惑地問。

「為什麼要鎖上呢？」老者笑著說，「當你把別人關在門外的時候，也就把自己關在屋裡。」

這位老者就是戴維教授。

他聽了這個年輕人的述說和要求後，寫了一張紙條遞給法拉第：「年輕人，你帶著這張紙條去告訴委員會的那幫人，說戴維老頭同意了。」

經過嚴格、激烈的選拔考試，書籍裝訂工法拉第出人意料地成了戴維教授的助手，走進了英國皇家學院那高大而華麗的大門。

勇氣——

人品、學識，均來源於有志者。

04 面對挫折

漢斯剛從軍中退伍時，只有高中學歷，無一技之長，只好到一家印刷廠擔任送貨員。

一天，他要將一整車書送到某大學七樓的辦公室。當他先把兩三捆書扛到電梯口等候時，一位五十多歲的警衛走過來說：「這電梯是給老師搭乘的，其他人一律不准搭乘，你必須走樓梯。」

任憑漢斯怎麼向警衛解釋，但警衛依然不予放行。他無法忍受這種無理的刁難，就心一橫，把四、五十捆書搬到大廳角落，不顧一切地走了。

後來，他到書店買來整套高中教材和參考書，含淚發誓：我一定要奮發圖強，考上大學，我絕不再讓別人瞧不起。

漢斯在聯考前半年天天閉門苦讀十四個小時，每當他懈怠時，腦中就想起警衛不准他搭電梯，被羞辱、歧視的一幕，也就打起精神，加倍的努力用功。

最後他終於考上了國內一所有名大學的醫學院。

把挫折看成是動力——

人都有失意的時候，然而，挫折是年輕人最好的動力。人只有在遭遇挫折，被人百般刁難、歧視時，才能讓自己的頭腦驚醒過來，才能激發出自己潛在的巨大能量。

05 有志者事竟成

威廉・懷拉是美國推銷壽險的頂尖高手，年收入高達百萬美元。

他的祕訣在於擁有一張令顧客無法抗拒的笑臉，可是誰也想不到那張迷人的笑臉並不是天生的，而是長期苦練出來的。

當他去應徵保險公司推銷員時，被拒絕。

人事經理對他說：「保險公司推銷員必須有一張迷人的笑臉，而你卻沒有。」

聽了經理的話，威廉沒有氣餒，立志苦練笑臉。

他每天在家裡放聲大笑百次，為避免誤解，他乾脆躲在廁所裡大笑。

經過一段時間練習，他又去見經理，經理仍說：「還是不行！」

威廉不洩氣，仍舊繼續苦練。

隔了一陣子，他又去見經理，經理冷淡地說：「好一點了，不過還是不夠吸引人。」

威廉不認輸，回去加緊練習。

隔了一段時間又跑去見經理，經理對他說：「是有點味道了，不過那仍然不是發自內心的笑。」

威廉又回去苦練了一段時間，終於悟出了「發自內心如嬰兒般天真無邪的笑容」，並且練成那張價值百萬美元的笑臉。

有志者事竟成——

威廉苦練笑容的經歷，為這句話做了很好的注解。而在生活中，只要我們也能始終堅持，不懈努力，也可以像威廉一樣取得成功。

06 考驗

有一位印第安酋長，習慣用比賽來考驗部落中的年輕人。

有一次，他選出四位傑出的青年，對他們說：「我要你們爬上這座山，爬到自己氣力能耐的極點，然後從山上取來一樣東西作為證物。」

翌日清晨，四位強壯的印第安青年同時出發上山。

半天過後，第一位歸來的，手握針樅一枝，顯示他爬到的高度。

第二位帶回一小枝松木。

過了不久，第三位抱著一種生長於高山的灌木報到。

踏著皎潔的月色，第四位終於跟蹌而歸。

他顯然精疲力竭，雙腳早被尖石傷裂。

「你帶什麼來？爬到多高？」酋長問道。

「我到達的地方，沒有針樅，也沒有松木可供遮蔭，沒有沿路的花兒可以驅逐長途跋涉的疲勞，只有石頭、山雪和荒野。我的腳受傷而皮破，渾身疲憊不堪，我晚回來了，」年輕的戰士雙眼發著亮光，「但是，我見到了大海！」

酋長聽了以後，重重地獎賞了他，並對他委以重任，因為他是唯一一個爬到了所能爬到的地方的人。

目標決定成就——

人人會爬山，但不一定都能走上山頂，人人都有理想，但不同的理想會把人引向不同的路。目標決定成就，你的眼光有多遠，成就就會有多大。

07 我希望

一個重要人士受邀請到某大學演講。

她走到麥克風前，看著台下的聽眾，由左向右掃視一遍，然後開口道：

「我的生母是個聾子，因此沒有辦法說話，我不知道自己的父親是誰，也不知道他是否還在世，我這輩子找到的第一份工作，是到棉花田去做事。」

台下的聽眾全都呆住了。

有的人甚至迷糊了，這個人是做什麼的？

「如果情況不如人意，我們總可以想辦法去加以改變，」她繼續說，「一個人的未來怎麼樣，不是因為運氣，不是因為環境，也不是因為生下來的狀況。」

「如果一個人想要改變眼前充滿不幸或者無法盡如人意的情況，」她以堅定的語氣說，「只要回答這個簡單的問題：『我希望情況變成什麼樣？』然後全身心投入，採取行動，朝理想目標前進即可。」

接著她的臉上綻放出了美麗的笑容：「我的名字叫阿濟．泰勒．摩爾頓，今天我以美國財政部長的身分站在這裡。」

自強——

你的未來是由你自己創造的，如果情況不如人意，你總可以想辦法加以改變。只要你有改變的信心和行動，就沒有任何力量能阻擋得了你。

08 世界上跑得最快的人

在一次火災事故中，約克的哥哥被燒死了，他的兩腿也嚴重燒傷。醫生的建議是必須鋸掉兩條腿。

他的父母為此悲痛欲絕，母親流著淚說：「我們已失去了一個兒子，現在難道連另一個兒子的腿也保不住嗎？醫生，能否把截肢的日期延後，我們再商議一下？」就這樣，他父母一邊往後拖著手術日期，一邊向兒子灌輸他有一天能夠再走路的信念。

後來，手術並沒有進行。

當繃帶拆除時，人們驚訝了。約克的右腿比左腿整整短三寸，左腳腳趾幾乎全被燒掉，但約克意志卻很堅定，即使歷經極大的痛苦，還是逼迫自己每天運動。

慢慢地，他逐漸康復，最後連拐杖都丟掉了，能像正常人一樣開始走路，不久還能跑步了。

他就這樣堅持著一直跑，一直跑！那兩條差點被鋸掉的雙腿，帶著他創造了一英里的短跑世界紀錄。

他就是葛藍・卡寧罕。他曾被稱為「全世界跑得最快的人」，還被選為二十世紀最偉大的運動員。

努力是成功之母——

有誰能說夢想成真不是一種奇蹟的產生呢！

夢想是世界上最美麗的語言，而讓夢想成真的是不懈的努力和堅強的意志。

09 寶藏

兩個年輕人聽說在離他們住地很遠的地方有個仙島，島上一年四季鮮花不斷，各種水果應有盡有，而且有無數寶物和美女。

但到仙島要穿越百獸橫行的原始森林，奇險無比的懸崖峭壁，九死一生的激流險灘，方圓百里的炙熱沙漠，脾氣古怪的百歲老人等道道難關，他們有些退縮了。

但是那誘人的財寶和美女又讓他們決心闖一闖，於是他們帶著夢想上路了。

他們失魂落魄地穿越了原始森林，又膽戰心驚地爬過懸崖峭壁，在將生死存亡棄置不顧地渡過激流險灘之後，來到茫茫的沙漠。

只剩下這最後的一關了，兩個人像剛從鬼門關闖過一樣長舒了一口氣，顧不上休息，他們開始了大漠的苦行。

然而，頭上是炙熱的太陽，腳下是燙人的沙子，身上沒有一滴水，滿眼望到的是茫茫大漠。

一個年輕人有點洩氣了，再走了一會兒，他想：過了沙漠，古怪的老頭還是不讓我們進去，那付出的一切豈不……他退縮了。但他沒想到的是，其實只需要再翻過一個高一點的沙坡，便到達目的地了。

另一個一直堅持到底的年輕人得到了夢想的寶物和美女，至於那個古怪老頭，則是專門在此恭候尋寶人的嚮導。

堅持走下去——

有時，成功確實離我們只是一步之遙，雖然我們無法預計前方的前景，但相信只要堅持著往前走，必定會有一片亮麗的天空在等待著迎接你。

10 我要當一名教師

當一名小學教師或許並不是什麼崇高的理想，但貝若・彭黛爾在當了十七年打掃衛生的校工後，仍然沒有忘記自己要當一名小學教師的夢想。

貝若家的經濟狀況不是很好，她不可能辭職去讀全日制大學。

她希望可以兼顧工作與讀書，於是她跟丈夫和女兒商量兩者兼顧的可行性，總算報名去上佛吉尼亞大學了。

接連七年，她一邊工作一邊上學。在沒課可上的日子，她則去為學校教師當教學助手。

終於，貝若・彭黛爾朝思暮想的這一天來到了，她從佛吉尼亞大學畢業，獲得了學士學位，被正式批准她可以當教師了。

之後她連續去了幾所小學自薦求職，都沒有成功。

可是就在她要簽作為打掃衛生的校工第十八次合同時，科爾曼地方小學來電話通知她，該校有了一個職位空缺，要她去教五年級。

她終於成為了夢寐以求的老師。

永不放棄的追求——

人生最幸福的時刻就是夢想成真的那一刻，這時你不僅能為你努力爭取得來的一切感驕傲，也會為自己曾不懈追求過，感到欣慰。

11 成全

俄羅斯著名男低音歌唱家奧多爾・夏里亞賓小時候非常喜歡唱歌。他慕名來到一個劇院，要求加入合唱團，但是他的要求被拒絕了。

被拒絕後奧多爾・夏里亞賓不但不氣餒，而是輾轉來到別處，更加勤奮地苦練，終於成了著名的歌唱家。

有一次，奧多爾被邀請到那個第一次自己被拒絕的劇院演出。

當主持人介紹著名歌唱家奧多爾是第一次光臨該劇院時，他斷然打斷主持人的話說道：「不，我是第二次。」

「第二次？」主持人很驚奇地問。

「是的，第一次是我慕名前來投考這裡的合唱團，被主考官拒絕了。」

聽到這樣的回答，全場觀眾發出了一片噓聲。

「但我要感謝那位考官和這個劇院，」

這位著名的男低音歌唱家深情地說，「正是那次似乎不幸的經歷，讓劇院合唱團少了一名合唱團員，卻讓世界多了一名著名男低音。」

堅忍不拔——

從古至今能夠成就大事的人，不光有著超強的才華和能力，更重要的是有一種堅忍不拔、堅持到底的意志。

12 抓住萬分之一的機會

有一次，一個年輕人要搭火車返家，但事先沒有買好車票。這時剛好是聖誕前夕，到外地去度假的人很多，因此火車票很難買到。

年輕人打電話向車站詢問，答覆是全部車票已經賣完，不過如果不怕麻煩的話，可以到車站碰碰運氣，看是否有人臨時退票。

車站還特別強調一句：這種機會或許只有萬分之一。年輕人欣然提著行李趕到車站，可是等了好久，一直沒人退票，年輕人仍然耐心等待。

就在火車還有五分鐘就要開出時，一個女人匆忙趕來退票，因為她家裡有急事，只得臨時改期。

於是年輕人如願以償，搭上了火車。

到家後，他告訴妻子一句話：「我抓住了那只有萬分之一的機會回到家，因為我相信一個不怕吃虧的人，才是真正的聰明人。」

年輕人在後來的生活中正是靠著不放棄萬分之一機會的執著，終於在云云眾生中脫穎而出，從一家製造廠的小技師，成為擁有五家百貨商店的老闆，然後又成為企業界舉足輕重的人物。

不要放掉任何一個機會——

「不放棄任何一個，哪怕只有萬分之一可能的機會。」這是著名企業家甘布士的經驗之談。要知道得時無怠，時不再來。

13 靈機一動

美國實業界鼎鼎大名的愛克爾先生創辦著名的山毛櫸食品公司是出於他的「靈機一動」。

一天，他在紐約街上散步，看見一家小店將鹹肉切成薄片，裝在兩磅裝的紙盒裡出售，生意十分興隆。愛克爾想：「這的確是個好主意，只可惜兩磅裝的鹹肉片還是太多了些，如果把它改成一磅裝出售，生意一定會更好。」

於是他按照自己的想法，把肉片切得更薄更勻，以一磅裝送到市場去販售，購買者果然很多。山毛櫸食品公司加工的食品不久便聞名全美，甚至全世界。實際上，愛克爾先生的「靈機一動」，來自他對小事情的觀察與思考。

以近論遠，以小知大——

有時，成功不只是一種精神力量的積聚，而更是一種靈光乍現的感覺。

14 波約的非歐幾何學

匈牙利的波約因為研究歐幾里得幾何第五公式而發現了非歐幾何學。他把這事告訴了他爸爸。

老波約也曾研究過這個問題，他立刻警告小波約：「我在這裡已葬送了人生的一切光明和快樂，它會剝奪你所有的時間、健康、休息和幸福。這地獄般的黑暗會吞吃成千個像牛頓那樣的巨人！」

但他仍然把論文寄給了大數學家高斯。高斯回信說，他也進行過這項研究。但他怕「黃蜂在耳邊盤旋」，不斷發出「愚人的叫喊」，就沒有繼續研究下去。

但是小波約不顧這一切，仍然堅持研究下去了，他成功了。

知其不可而為之——

馬克思說：「在科學的入口處，正像在地獄的入口處一樣。」怕入地獄，就找不到天堂。不僅是科學，人生中任何一個方面都是這樣，只有知其不可而為之，並且堅持不懈，才能勝利。

15 捉住太陽的男孩

一個三歲的小男孩，拿著一塊雪白的鐵皮在窗前玩。鐵皮反射的陽光，把房間照得更亮。他跑了起來，連聲大叫：「我捉住太陽了！我捉住太陽了！」

小孩子捉住了太陽，這是詩人的想像。

而這個孩子就是後來成為電磁學大師的麥克斯韋。

他後來創立了一組麥克斯韋方程，簡直就是用數位和符號寫成的電和磁的抒情詩。

他發現了電磁波，指出光就是電磁波，他抓住了光的本質。我們地球上的光來自太陽，麥克斯韋真的用他那富有詩意的數學方程式，捉住了太陽。

想像力是夢想的靈魂——

沒有想像力的靈魂，就像沒有望遠鏡的天文臺。

16 為了不剪長髮

索爾・胡安娜・伊內斯・德拉克魯斯，是十七世紀墨西哥一位著名的女詩人。她容貌美麗，特別是一頭漂亮的長髮，更使她充滿了誘人的魅力。但是她給自己立下了一條規矩：如果沒有學會自己規定的課程，就要把漂亮的頭髮剪下來，以示懲罰。

她常說：「如果一個沒有知識的空洞腦袋，就不應該有美麗的頭髮來裝飾。」為了她那美麗的長髮不被剪短，女詩人每天早晨很早就起來學習，逐漸養成了習慣，就像每天必須梳理她的長髮一樣。

給自己定下規矩——

在想想面前沒有什麼捷徑可以走。要堅定自己的信心，一步一步走下去，除了需要堅定的信心，有時還需要給自己制定一個規矩，讓自己不敢懈怠。

17 夢想在自己手中

有一個小男孩，他的父親是位馬術師，他從小就必須跟著父親東奔西跑，一個馬廄接著一個馬廄，一個農場接著一個農場地去訓練馬匹。由於經常四處奔波，男孩的求學過程並不順利。

初中時，有一回老師叫全班同學寫一篇作文，題目是「長大後的志願」。

小男孩洋洋灑灑地寫了七張紙，描述了他的偉大志願，那就是想擁有一座屬於自己的牧馬農場，並且仔細畫了一張兩百英畝農場的設計圖，上面標有馬廄、跑道等的位置，然後在這一大片農場中央，還要建造一棟占地四千平方英尺的巨宅。

小男孩花了很多心血把作文完成，第二天交給了老師。

兩天後他拿回了作文，只見第一頁上打了一個又紅又大的「F」，旁邊還批了一行字：『下課後來見我。』

腦中充滿疑惑的他下課後帶著作文去找老師：「為什麼給我不及格呢？」

老師回答道：「你年紀輕輕，不要老做白日夢。你沒錢、沒背景，什麼都沒有。蓋座農場是個花錢的大工程；你要花錢買地、花錢買純種馬匹、花錢照顧牠們。你別太好高騖遠。」老師接著又說，「你如果肯重寫一個比較不離譜的志願，我會重打你的分數。」

這男孩回家後反覆思量了好幾次，然後徵詢父親的意見。父親只是告訴他：「兒子，這是非常重要的決定，你必須自己拿定主意。」

再三考慮後，他決定將原稿交回，一個字都不改。他告訴老師：「即使拿個大紅字，我也不願放棄夢想。」

數年後，在小男孩的努力下，長大後，他真的蓋了兩百英畝的農場與占地四千平方英尺的豪華住宅。而那份初中時寫的報告，他也至今還留著。

堅持自己的夢想——

不論做什麼事，相信自己，別讓他人的一句話將你擊倒。拿定主意，追求自己的夢想並實現它。

PART 2
體會人生

很多人都對「什麼是人生」這個問題感到無力回答。人生就像戰場，人們每天都在作戰。昨天的成功，並不能保證今天的勝利；而昨天的挫折也許會成為今天成功的基石。每一分鐘的努力才是最重要的。自己的人生需要自己去開創、去思考、去體會。

01 心裡的聲音

一位昆蟲學家和他的一位商人朋友一起在公園散步聊天。走著走著，昆蟲學家忽然停住腳步，向附近的樹林裡走去。

一會兒工夫，昆蟲學家就找到了一隻小蟲子，他拿給朋友看，並說他剛才聽見了那蟲的鳴聲。商人朋友覺得十分稀奇，那小蟲聲音微不可聞，昆蟲學家竟聽得見。

他們離開了公園，走在熱鬧馬路旁的人行道上。這時，商人朋友突然止步，彎身撿起一枚掉在地上的硬幣。而昆蟲學家卻一直往前走，因為他絲毫也未聽見那硬幣落地的聲音。

聲音——

什麼樣的人聽得見什麼樣的聲音。心在哪裡，你的財富就在哪裡。用心去做，成功就在眼前。

02 星夜裡體會到的人生

米吉和兒子去打獵。

那兒有一個古老的小火車站，因為是嚴冬，所以捕獵相當艱苦。氣溫下降到華氏十度左右，是一年中最冷的日子。

他們本可以跟其他打獵的人一起住在有取暖設備的屋內，但兒子卻說：「不，爸爸，我們就住在帳篷裡艱苦一下吧！」

起初父子倆讓火燃燒著，隨後火慢慢熄滅了，於是他倆就鑽進睡袋睡覺。

半夜裡兒子醒了，因為他的睡袋濕了，他呼出的氣就在臉旁結了冰。

睡不好，兒子就索性起床，拉開帳篷的拉鏈走了出去。

突然米吉聽見兒子喊道：「爸爸，爸爸，快起來，你來看看，這多美啊！」

接著兒子說：「我能看得見所有的星星。」兒子的喊聲中充滿驚奇。

米吉只是把頭伸出睡袋，因為他知道兒子說的是什麼。

天上的星星極其明亮，看上去好像降低了，離他們更近了。地上的餘燼還在閃爍，火堆四周圍了一圈石灰石。這一切構成了一幅美妙無比的畫面，這就是生活。

感受美好——
父子倆在那一夜所感受到的快樂就是生活的真諦，金錢沒有辦法帶給他們那樣美好的感覺。

03 不要自己嚇自己

有一天，瓊安覺得自己好像生病了，就去圖書館借了本醫學手冊。當她讀完介紹霍亂的內容時，赫然發現，原來自己已經罹患霍亂好幾個月了。她頓時被嚇住了……接著，她更想知道自己還有沒有罹患其他疾病，就依序讀完了整本醫學手冊。按照醫書上的說明以及她的理解，除膝蓋積水症以外，她全身什麼病都有！

瓊安前往圖書館時，覺得自己還算是個幸福的人，可當她看完醫學手冊時，卻成了一個渾身都有病的「老太太」。於是她憂心忡忡地去找醫生。

醫生給她作了診斷並給她開了一張處方。她拿起一看。只見上面寫著：「煎牛排一份，啤酒一瓶，六小時一次。十英里路程，每天早上一次。不要用妳不懂的事情塞滿自己的腦袋。」瓊安照這樣做了，一直健康快樂地活著。是醫生的忠告救了她的命。

樂觀的心態——

悲觀和樂觀是由我們自己把握的。我們眼睛看見的，親身體會的，往往並不是事物的全貌。不要自己嚇自己，保持一份健康的心態，去快樂地工作、生活。

04 沙漠的哲學

初夏的雨水非常活躍，幾天就降一次雨。

雨水降到農田裡，種子發了芽，把農田染成一片新綠；雨水降到果園裡，果樹吐出嫩綠的葉子，開出繽紛的花朵；雨水降到坡地上，長出了如茵的青草，放牧著成群的牛羊；雨水降到池塘湖泊裡，繁殖著魚蝦蟹，青蛙也不分晝夜地歌唱，歌唱這繁榮富饒的大地。

雨水同樣也降到沙漠上，沙漠卻只會吸收，吸收完畢，自己仍然是一片沙漠，什麼反應也沒有。

管雨的雨神看了有點困惑不解，就問沙漠：「給你降了那麼多雨水，你都弄到哪裡去啦？」

「都吸收了。」沙漠悠然自得地說。

「那你吸收雨水要幹什麼呢？」雨神問。

「什麼幹什麼？」沙漠認為雨神問得真奇怪，「我是最虛心接受雨水的，你降多少，我就吸收多少。難道我有什麼不正確的地方？」

「我問你，」雨神只得直接地說，「大地上的一切地方，吸收了雨水，就有所貢獻，所以大地才無比繁茂昌盛；你吸收的雨水不算少，可是你貢獻出什麼來呢？」

沙漠無言以對。

奉獻——

只會向人索取，卻從來也不懂得奉獻的人，就像沙漠一樣，最終仍然是一片荒蕪，毫無生機和希望。

05
夢想是這樣破滅的

志中小時候的夢想就是能上大學，永遠走出這閉塞貧窮的鄉下，於是志中拼命努力，吃了很多苦頭，終於在努力之下順利上了高中。很快就要大學聯考了，對於品學兼優的志中來說，大學之門已近在咫尺。

就在這時，志中接到了一個改變了他一生的電話，電話是他的小學同班同學打來的。

「我說志中啊，讀書有什麼用，我寶山雖然只有小學畢業，不是照樣發財嗎？念在同鄉的份上，來我公司，月薪四萬五千元，怎麼樣？」

那一夜，志中失眠了。他想賺更多地錢，有了錢再去讀大學不是更好嗎？況且，也可以一邊工作一邊讀書啊。

於是，志中放棄了大學聯考，毅然南下賺錢去了。

剛到南部時，志中買了許多大學的教材，準備邊工作邊學習。但是繁忙的工作使志中再也拿不起書本，他不無歎息，但也為自己找到了理由：「太忙太累了，以後再念吧。」

在商海中，志中已經失去了學生時那顆平靜上進的心。

直到三十歲那年，志中仍然沒有跨進大學的門檻，卻走進了婚姻的殿堂，離上大學的夢想就更遙遠了。

不久，同學的公司被迫宣佈破產，志中和妻子一同失業了。

志中只好到處找工作，但是這麼多年缺少學習和知識更新的他，根本無法在人才濟濟的社會立足。幾乎所有的徵才廣告中都寫著一個相同的條件：大學學歷。只有一個地方除外——建築工地。

在一次工作中，志中不小心從五樓墜下來，落個終身殘疾。志中帶著一筆賠償金，拖兒帶妻無奈地回到了鄉下。

跪在父母的墳前，志中淚如雨下，那一年，他四十歲。

遺失的夢想——

以後的以後叫遙遠。許多人的夢想未能實現，往往都不是因為能力不夠，而是因為心意不專，錯過成功的機會。但真正能明白這個道理，許多人花費的卻是一生的代價。

06 模特兒

從前，有一位著名的畫家需要為他的新作尋找一位模特兒，這個人物的形象要十分地樂觀向上。於是他就從教堂裡找來了一個年輕瀟灑的唱詩班男子，他有著一對明亮的眼睛和一副溫柔善良的面孔，十分符合畫家的創作要求。多年後，有一天，這位畫家路過貧民區的一家小酒吧門口，看到有一個男子站在那裡，滿身都是酒味，他的雙眼充滿詭詐、狡猾，還有一臉的貪婪。畫家覺得此人的形象非常適合做他的作品當中的一個破落者形象。於是畫家以一些金錢為條件，很快地吸引那人來到了他的畫室。

當擺好姿勢正要開始作畫時，畫家忽然好奇地問道：「我們是否曾見過面？」一陣沉默後，那人扭捏地說：「是的，幾年前，當我還是唱詩班男子的時候……」

保持一顆健康的心——

你現在和以前的光景有何不同？是更好呢，還是更差呢？同樣的一個人，經過歲月的洗禮，會有不同的面貌。保持一顆健康的心態勝過一切，因為一生的境遇，都是由你的心境和態度決定的。

07 沙漠之樹

從前有兩個人，他們都在一片荒漠上種植了一片胡楊樹苗。樹苗成活後，其中一個人每隔三天，不管是烈日炎炎，還是飛沙走石，他都會定時地挑水，來到荒漠中，一棵一棵地給他的那些樹苗澆水。

有時剛剛下過雨，他也會來，錦上添花地給他的那些樹苗再澆一瓢。他認為，沙漠裡的水漏得快，別看這麼三天澆一次，樹根其實沒吮吸到多少水，水都從厚厚的沙層中漏掉了。

而另一個人呢，就悠閒得多了。

樹苗剛種植下去的時候，他來澆過幾次水，等到那些樹苗成活後，他就來得更少了，即使來了，也不過只到他種植的那片幼林中去看看，發現有被風吹倒的樹苗就順手扶一把，沒事的時候，他就在那片樹苗中悠閒地走走，不澆一點兒水，也不培一把土。人們都說，這個人種植的那片幼林，肯定成不了樹林。

過了兩年，兩片胡楊樹苗它們的樹幹都長得有茶杯粗了。

忽然有一夜，狂風從大漠深處捲著一股股的沙塵飛來，飛沙走石，電閃雷鳴，狂風捲著滂沱大雨肆虐了一夜。第二天風停了，人們到那兩片樹林裡一看，不禁十分驚訝。原來辛勤澆水的那個人的樹幾乎全被暴風給刮倒了，有許多的樹幾乎被暴風連根拔了出來，折斷的樹枝，倒地的樹幹，被拔出的一蓬蓬黝黑的根鬚，場面慘不忍睹。

而那個悠閒的、不怎麼給樹澆水的人，他的樹林除了一些被風吹掉的樹葉和一些被折斷的樹枝外，幾乎沒有一棵被風吹倒的。

大家大惑不解。

那人卻微微一笑，指著吹倒的樹林說：「他的樹這麼容易就被風暴給毀了，就是因為他澆水澆得太勤，施肥施得太勤了。」

人們更迷惑不解了，難道辛勤為樹施肥澆水有錯嗎？

那人頓了頓歎了口氣說：「其實樹跟人是一樣的，對它太殷勤了，就培養了它的惰性，你經常給它澆水施肥，它的根就不往泥土深處扎，只在地表淺處盤來盤去。根扎得那麼淺，怎麼能經得起風雨呢？像我這樣，把它們栽活後，就不怎麼去理睬它，地表沒有水和肥料供它們吸收，逼得它們不得不拼命向下扎根，把自己的根穿過沙土層，一直扎進地底下的泉源中去，有這麼深的根，我就不用擔心這些樹不枝葉繁茂，更不用害怕這些樹會輕易地被暴風刮倒了。」

生命的條件——

要想使你的生命之樹能根深葉茂、頂天立地，那就不要給它過多的關懷與溺愛，讓它在艱苦的環境中磨煉成長吧。

不管是一棵草、一棵樹，還是一個人，怎樣的條件就會造成怎樣的命運。

08 沙礫與黃金

一隊商人騎著駱駝在沙漠裡行走。突然空中傳來神祕的聲音：「抓一些沙礫放在口袋裡吧，它會變成金子。」

有人聽了不屑一顧，根本不信，有人將信將疑，抓了一把放在口袋裡。有人全信。盡可能地抓了一把又一把沙礫放在口袋裡，他們繼續上路，沒帶沙礫的走得很輕鬆，而帶了的走得很沉重；很多天過去了，他們走出了沙漠，帶沙礫的人打開了口袋欣喜地發現，那些粗糙沉重的沙礫都變成了黃燦燦的金子。

生命中的沙礫——

在每個人漫長的一生中，時間就像是地上的沙礫，唯有不怕艱苦、緊緊抓住了時間的人，才能將這些普通粗糙的沙礫變成可貴的金子。

09 只要十塊錢

有一位富人，在街上遇見一個全身骯髒的小孩向他討錢：

「先生，可憐可憐我，賞給我十塊錢吧！」

富人看他長得還蠻清秀，就問他說：「你有父母嗎？」

「沒有。」

「你有家嗎？」

「沒有。」

富人說：「好，你跟我來。」

富人走在前面，小孩在後面跟著。

可是他仍然不停地說著：「先生，可憐可憐我，給我十塊錢吧！」

富人說：「你跟我來，我要給你的不止十塊錢呢？」

富人一邊走一邊想：我回去先叫傭人給他洗個澡、剪頭髮、換上新衣服、再準備可口的晚餐及溫暖的床。

想著想著就走到了家門口。然而回頭一看，那小孩卻已沒了蹤影。

抓住機會——

有時命運會捉弄人，我們僅僅只要一點點，可為何上蒼久久卻不成全。而當上蒼要把更大的好運賜給我們的時候，我們卻又茫然失措，徒然讓機會溜掉。

10 求生

那一年世勛還很小，得了一種叫不出名來的怪病。

膝關節處潰爛，止不住地流血流膿。本來就瘦得像麻稈一樣的腿，肉一點一點地爛掉。父母拼命湊足了錢把他送到醫院。

醫生診斷後搖了搖頭，好像是對他弱小生命的否定。

父親二話不說，把他背起來就離開了醫院。

到了一個土地廟前，父親將世勛放下，找來了一枝樹枝，在廟前的土地上捅起螞蟻窩來。

一會的時間，剿到螞蟻的窩，螞蟻黑壓壓地傾巢而出，父親不由分說把他的病腿壓在螞蟻上。極度虛弱的他，哪經得起這種陣勢，昏了過去……

第二天，奇蹟出現了，被螞蟻啃過的病腿奇癢無比。

他告訴了父親，只見父親閉上雙目，嘴裡虔誠地叨念著。

他感到，父親不是在感謝別人，而是在感謝那群拯救他兒子生命的天使——螞蟻啊！

幾天後，潰爛的地方長出了新肉。
幾十年過去了，他的病一直都沒有再犯過。
後來他才知道醫學上有蟻療這麼一說。

強烈的求生慾——
也許這種救人的方式只是一個偶然。但是，讓人感歎的是人類求生的慾望是多麼地強烈。

11 樹

在戰爭時期，一個英勇的戰士不幸落入敵人之手，他被關在一個破寺院裡，這個寺院所有的房舍都被當作囚室，專門關押那些被捕的戰士。

面對敵人的嚴刑拷打，關在這裡的人很少有活著出去的。然而，他卻是個例外。每當有人問起是什麼力量促使他在那種環境中存活下來，他就會給人們說起那裡一棵銀杏樹的故事。

他剛進來的時候，那棵銀杏樹只有茶杯那麼粗，正對著囚室窗口。

有一天，看管他的人在這棵樹與另一棵樹之間架了一根繫沙袋用的單槓。起初安裝的鐵箍是緊緊地勒在銀杏樹上，第二年樹長粗了就勒出一道溝，三年後一半的鐵箍勒進了樹裡。

已被囚禁了近四年，被折磨得萬念俱灰的他看到這圈鐵箍，心想這棵樹的生命也許要結束了。

然而，就在第五年的春天到來時，那棵銀杏樹的生命不僅沒有結束，而且還把那個鐵箍完全包進去。

這位老戰士回憶說：面對此情此景，我也能平靜地面對囚禁中的生活了。

生命就是抗爭——

生命是一種抗爭，無論何時，我們一定要有頑強的意志和抗爭的精神。

12 長生魔水

很久以前，有一個皇帝，當他一天天變老的時候，來了一個巫師。

巫師對皇帝說：「皇帝，給你一罐魔水，喝上一口，你就可以長生不老。」

老皇帝雖然非常想長生不老，但皇帝一向十分小心謹慎。

他命令侍衛把路過宮廷的前三人帶來見他。不一會兒，一個軍人、一個富商和一個貧困的農民被帶到他的面前。

皇帝先問軍人：「請你告訴我，喝了這魔水，我會幸福嗎？」

軍人答道：「是的，會幸福的。您將萬壽無疆，您將征服全球的時代就會到來，難道見到周圍都是被自己征服的人，不是最大的幸福嗎？」

皇帝又問富商：「請你告訴我，喝了這魔水，我會幸福嗎？」

富商答道：「是的，會幸福的。您將萬歲萬萬歲，而您的財富則逐年增加。難道看著自己的財富不斷增多，不是最大的幸福嗎？」

最後，皇帝又問貧困的農民：「請你告訴我，喝了這魔水，我會幸福嗎？」

農民答道：「呵，皇帝！無論軍人還是商人，都只對您講了一半實話。他們告訴了您，為什麼您會幸福，卻故意隻字不提為什麼您會不幸福。」

「你胡說什麼呀？笨蛋！」商人和軍人異口同聲地喊道：「長生不老的皇帝怎麼會不幸福？」

「英明的皇帝，請你聽我說，」農民說，「你喝了這魔水，的確是會得到永生，會親眼看到自己寶庫中的財富日益增多，並將為自己的威力而自豪。但你心愛的妻子終有一天要去世，你所熱愛的子孫後代也都終將離開這個世界，你甚至不得不親眼看著你的全部朋友和忠實的僕人統統死去，而你還將繼續活著。總有一天，當你環顧四周時，在你身邊既看不到妻子，也見不到子孫，甚至連朋友和忠實的僕人也沒有了。我們英明的皇帝啊，這就是你長生不老將要得到的幸福。如果你願意的話，現在就把這魔水喝下去吧，那就可以長生不老啦！」

「絕不！」皇帝激動地感歎道，「無論如何也不要！如果我將失去所有的親人和朋友，那我要這些權力和財富幹什麼？我為什麼要活著？」

就這樣，皇帝一邊高聲感慨著，一邊用力地把裝魔水的罐子丟在地上，把它摔了個粉碎。

大地吸收了魔水，罐子的碎片被拋進了大海，聰明的皇帝和親人朋友們快樂地生活著。

活著的目的——

活著的目的就是要和親人、朋友們一起快樂地生活。

13 生命的另一頭

有一天，司湯達在他的腰帶上寫道：「我快五十歲了。」然後，又仔細地將他熱愛過的女人的名字一一列在單子上。

雖然，他比世界上許多別的男人更成功地用珍貴的鑽石首飾來打扮她們，可是，這些女人還是顯得很平庸。

二十歲時他曾為自己的愛情生活夢想過許多理想的奇遇。可是，他心中的偶像卻一個也沒有來到他的身邊。他只有在他的小說裡，在他自己創造的人物中，才能見到他夢想的女人。

司湯達為以前沒有遇到，今後也不可能遇到的愛人哭泣。

「我剛過五十歲。」我們的大作家這樣想。

他做了些什麼？表達了什麼思想？

在他看來，要說的話太多了，他剛剛想出自己該寫的書。然而，他還能工作幾年呢？心臟跳動已不再那麼有力，晚上一看書，眼睛就難受。

十年？二十年？「藝術長久，生命短暫。」這句從前他認為正確而平淡的警言，忽然間在他心裡體會出許多哲理。

生命盡頭——

衰老是比蒼蒼白髮和道道皺紋更可怕的一種感覺。它使人感覺一切都為時已晚，時光永遠消逝，生命的舞臺從此將屬於下一代。

14 東施效顰

一次，蛇在動物晚會上表演蛇舞，受到了大家的讚賞。爾後動物們紛紛剃光了尾巴上的毛，用無毛的尾巴模仿蛇的動作。這種行為很快成為一種時尚。

猴子剃光了長尾巴，用光尾巴打架，名曰二蛇相會；白豬剃光了自己的小尾巴，打了個轉，名曰銀蛇獨舞；花貓剃光了自己好看的尾巴，它旋轉著身子捉自己的光尾巴，名曰貓蛇賽跑。

松鼠看到大家都剃光了尾巴，都表演了豐富多彩的節目。牠決定也剃光自己的尾巴，在松樹上表演精彩舞蹈，牠覺得自己會表演得更出色。

大象得知松鼠要剃光尾巴，便找牠談話。

大象說：「松鼠，你的尾巴具有保持平衡的作用，你剃光了尾巴，會有危險的，我勸你不要趕時髦。」

松鼠說：「大象你多慮了，你看大家都剃光了尾巴，都沒出現問題，我也行。難道不是這樣的嗎？」

大象見勸說不管用，便無奈地走了。松鼠便找來剃刀剃光了自己的尾巴。牠興奮地攀上大樹，想像往常一樣表演輕鬆歡快的舞蹈，可是剛蹦了兩下，便感到頭重腳輕，失去了平衡，一下子從高高的樹上栽了下來，把大腿摔斷了。

松鼠後悔莫及，終於明白了有些東西是不能模仿的。

保持自己的本色——

每件事物都有著專屬於自己的特質，人更應該保持自己的本色，不要盲目去追尋那些看上去很美麗但不適合自己的東西。

15 快樂的小丑

有一個人去看醫生，他對醫生說：「我常睡不著，心中充滿了各式各樣的憂慮和煩惱。」

醫生經過詳細檢查後，發現這人並沒有生病，只不過是情緒低落而已。因此，醫生建議他需要多休息，並可以去看看馬戲團表演。

醫生說：「城裡剛來的馬戲團表演很精彩，特別是那個小丑非常出色，他一定能使你發笑，讓你忘掉煩惱。」

病人無奈地說：「沒有用的，他幫不了我……因為我就是那個小丑。」

只有自己能幫助自己——

唯有穿鞋的人才知道鞋的哪一處擠腳。

沒有人能真正瞭解你的心，唯有多多地自我剖析才有可能對自己有更多的認識，才能真正明白，自己最需要什麼。

16 禍不單行

有個人在院子裡捉住了一隻大老鼠。他想著老鼠做的孽，決心要懲治牠。

「你想痛痛快快地去見上帝？——沒那麼便宜！」這個人咬牙切齒地說，「對於人人喊打的壞蛋，無論如何處置，都不過分。」於是，他找來煤油，把煤油倒在老鼠的身上，然後點燃，等到火舌舔噬老鼠皮肉的時候，才把老鼠放開。老鼠吱吱亂叫著狂奔起來，一下子鑽進了屋旁的草堆裡，一場大火立刻燃起來了。由於草堆燃得很快，一會兒大火把這個人的房子也燒得精光了。

「我真蠢！」這個人蹲在一片焦土前面痛哭流涕，「我本來是想懲治老鼠的，可是反而毀了我自己！」

學會寬容——

世界並不像你想像中的那麼完美，總會遇到不順心的事和物。人生在世，度量要放寬一些，眼光要放遠一些，利弊得失自會見分曉。

17 關於生活的比喻

生活如同吃葡萄柚一般。首先，你必須剝開柚皮，然後試咬幾口，以便適應柚子的氣味；當你開始享受柚子時，柚子汁卻可能噴得你睜不開眼睛。

生活如同香蕉一般，開始時是生澀的，然後隨著時間而變黃變軟。有些人希望自己只是香蕉，另一些人則希望自己成為上等的香蕉。你必須謹慎小心，不要被香蕉皮滑倒；此外，你必須努力剝去香蕉皮，才能享受香蕉的美味。

生活如同烹飪一般，一切味道全取決於你的佐料與烹飪技巧。你可以依照食譜烹飪，也不妨自由創造。

生活如同少了原圖的拼圖遊戲一般，你無法猜測將拼出什麼圖形。有時，你甚至無法確知是否擁有所需的一塊拼塊。

生活如同沒有組合的串珠一般，任你隨意組合，均可生活得有意義。

生活如同搭乘電梯一般。許多人上上下下，有時令你心煩的是，電梯總是停停開開而有些人則保持穩重。

生活如同玩撲克牌。有時你做莊，有時別人做莊，這其中包含許多牌技與運氣。

你下賭注，核對牌局，虛張聲勢，甚至提高籌碼。在輸贏之中，你會獲得許多經驗和教訓。有時，你拿的牌不好卻贏了，有時你拿副好牌反而輸了。但無論如何，你必須持續不斷地洗牌。

生活是我們自己的生活——

在漫漫人生中，我們各自關於生活的看法都不相同，這決定了我們各自不同的生活目的與結果。無論怎樣，有一點是始終不變的，那就是為了生活得更好，我們都應該努力學會生活，學會好好生活。

看好未來的你
不要自己嚇自己

PART 3

人格的力量

生活需要有目標，一個人如果沒有目標，就如同大海中沒有羅盤的水手，只能隨波逐流；一個人需要有追求，沒有追求就沒有動力；一個人需要有骨氣，沒有骨氣就得不到別人的尊重；一個人需要有愛心，沒有愛心生活就會失去光彩。

01 我是我自己

有一次，亨利・福特到英格蘭去。

在機場詢問處他想要找當地最便宜的旅館。接待員看了看他，認出了他是著名的汽車大亨，他穿著一件像他一樣老的外套，還要最便宜的旅館。

接待員說：「要是我沒搞錯的話，你就是亨利・福特先生。我看過你的照片。」

亨利回答說：「是的。」

接待員非常疑惑，接著他說道：「你穿著一件看起來像你一樣老的外套，還要最便宜的旅館，可是我也曾見過你的兒子來過這，他總是詢問最好的旅館，他穿的是最好的衣服。」

亨利・福特說：「是啊，我兒子是好出風頭的，他還沒適應生活。對我而言沒必要住在昂貴的旅館裡，我在哪兒都是亨利・福特。即便是住在最便宜的旅館裡我也是亨利・福特，這沒什麼兩樣。這件外套，是的，這是我父親的——但這沒有關係，我不需要新衣服。不管我穿什麼樣的衣服，即使是赤裸裸地站著，我還是我，這根本沒關係。」

尊重自己——

一般人多少都有點自我主義，喜歡炫耀自己的長處。而真正成功的巨人總是保持著本色。

02 無需關照

看到一家有名的中外合資企業在報上刊登的招聘廣告，路易的心為之一動。接到面試通知後，他準備了好幾天，為了保險起見，他想方設法弄到了主管外經外貿工作的副市長的推薦信。

面試的人很多，他前面的一位面試者誠惶誠恐地對老總說：「請多關照。」老總搖搖頭，咄咄逼人地說：「在我的公司一個有實力有信心的人，是不需要他人的關照的。」聽了那句話，路易為之一震。直到面試結束，離開的時候，他把那封信揉成一團，扔進了牆角的紙簍裡。

他知道在所有的面試者中，他並不是最優秀的，但幸運的是他最終被那家公司錄用了。一個偶然的機會，他看到了那封被他扔到紙簍裡的推薦信竟然擺在了老總的案頭，信頭有老總那剛勁的批字：「這樣的人，值得一試。」

尊重自己的能力——

一個人若不能在別人肯定自己之前先肯定自己，就不可能得到別人的尊重和肯定。

03 有缺陷的男孩

有個八歲的小男孩實在是太膽小脆弱，他的臉上總顯露出一種驚懼的表情。而且，他的呼吸就像喘氣一樣，如果被老師喊起來背誦，他立即會雙腿發抖，嘴唇顫動不已，更糟糕的是，如果他有一張好看的面孔，也許會好一點，但他卻是暴牙。

像這樣的小孩子，一般都很自卑並敏感，迴避許多社交活動，也不敢交朋友。

但這個小男孩不同，他強迫自己跟那些嘲笑他的人接觸，強迫自己去參加打獵、騎馬，或進行其他一些活動，使自己變為最吃苦耐勞的典範。

他用自己的缺陷促使自己努力地改變自己，他把喘氣的習慣變成一種堅定的嘶聲。他用堅強的意志，咬緊自己的牙床使嘴唇不顫抖而克服懼怕。

在他還沒進大學之前，他利用假期在亞利桑那追趕牛群，在洛磯山獵熊，在非洲打獅子，使自己變得強壯有力。

這個小孩子憑著這種奮鬥精神，不因缺陷而氣餒，直至攀上成功的巔峰。到了晚年，已經很少有人注意他患有嚴重的缺陷，反而被他堅強的人格力量征服，他就是美國最得人心的總統——富蘭克林．羅斯福。

克服自己的恐懼——

在面對上帝賜予的不完美與缺陷時，如果你只是一味的恐懼和逃避，將失去任何一次戰勝自己的機會。

只有將自己的缺陷當作是促使自己改變的動力，使自己變得更加強大，憑著強大的精神力量，克服來自內心的恐懼，才能戰勝自己，戰勝未來生活中會出現的任何一種困境。

04 燒泥的老人

一位近年才開始學習燒製瓦罐器皿的老人大步走到窯前，眉頭都沒皺一下便拿起一根鐵棍，將一大片剛剛出窯的形狀各異、大大小小的瓦罐全都打碎。

一個年輕人不解地走上前去。問老人為何將它們全都打碎。

老人緩緩地說：「火候沒掌握好，每個都有一點小毛病。」

年輕人惋惜道：「可是你已經花費了許多的心血啊！」

老人嘆了一口氣道：「沒錯，可是我相信下一爐會燒得更好些。」老人堅定的口氣裡，透露著十二分的自信。

老人又坐在霏霏的雨絲中，再次從頭開始，認真地、一點一點地做起泥坯。他那堅決推倒重來，胸有成竹的從容自若，深深地打動了年輕人。

是啊，即使所有的瓦罐都打碎了也沒有關係，只要心頭執著的信心不被打碎，就不愁做不出更加滿意的瓦罐。

默默地，年輕人朝老人深鞠一躬，轉身跑回家中，背起簡單的行囊，毅然地到南部打拼。

在一次次焦慮的等待，一次次失敗的打擊後，他終於找到了一份滿意的工作——在一個建築工地當助理工程師。

數年後，他擁有了一家規模不小的建築公司。

信心不能被打破——

只有在不斷的嘗試中不言放棄，才能打拼出一番自己的天地。不言放棄的關鍵在於自信心。

05 一言既出

在紐約聞名世界的自然歷史博物館裡，一群遊客正在導遊的帶領下遊覽摩根紀念館，這裡擺滿了各種寶石。

忽然一位男導遊迅速脫下夾克，蒙在一塊數百公斤重的大石頭上，再將帶來的遊客叫到跟前說道：「你們看看，這只是一塊普通的石頭吧！這位女士請妳過來看一下！」

一位遊客走到前面，導遊員將夾克像變魔術似地拿開，那女士伸頭望了一下，不禁大聲「啊——」地叫了起來。

隨著這一聲驚叫，其他遊客都湧上前去，想看個究竟。

原來，裡面竟然是耀眼閃光的紫水晶。

這時導遊說話了：「這塊石頭有個動人的故事。它原本是棄置在一個美國人的後院裡的。有一天，主人因石頭有礙觀瞻，就叫人來將它搬走。誰知道在搬上卡車時，工人一時失手，把石頭掉在地上，摔出了一個缺口，大家就像你們剛才一樣，都叫了起來，因為這並不是一塊普通的石頭，而是一塊紫水晶。石頭的主人知道真相後，平靜地說：『這塊石頭，我本來就是要丟掉的。現在雖然發現它是寶物，想必是上帝的旨意，我一言既出，絕不反悔。我決定不占為己有，而將它送給博物館，讓更多的人來欣賞。』」

君子懼失義，小人懼失利——

失去什麼都不會比失去信譽更可怕。很多人往往以為失信於人只是一種保護自己的手段，實際上，失信於人的後果就是失信於自己。一個連自己的承諾都會改變的人是根本不可能取得成功的。

06 我是波蘭人

一個年輕的鋼琴家曾在俄國沙皇面前演奏。很快地，從文武大臣到沙皇自己，都被那美妙的音樂迷住了。

演奏結束，沙皇竭力表揚了這位青年鋼琴家的才能，最後還加上一句說：

「我國有這樣的天才，實在值得向全世界誇耀。」

可是，青年音樂家昂然抬起頭，冒著被殺頭的危險答道：

「陛下，我是波蘭人。」

這位熱情愛國的青年鋼琴家，就是著名的巴台萊夫斯基，他既是音樂家，又是民主革命家，第一次世界大戰結束後，波蘭在一九一九年獨立，他擔任了共和國的第一任總理。

絕不委曲求全——

寧直見伐，無為曲全。寧渴而死，不飲盜泉。一個人要有能屈能伸的胸懷，但更重要的是不能事事委曲求全，要有自己的原則。

07 林肯的演講

一次林肯在參議院演講時，有一個傲慢的有錢人站起來，他說：「林肯先生，在你開始演講之前，我希望你記住，你是一個鞋匠的兒子。」整個參議院的人都笑了，他們想要羞辱林肯。而像林肯這樣的人是很難被羞辱的。

林肯對那個人說：「我非常感激你使我想起我的父親，他已經過世了。我知道我做總統永遠無法像我父親做鞋匠做得那麼好！我一定會永遠記住你的忠告。」

全場鴉雀無聲。

林肯面對這樣的話所表現出來的冷靜，使在場的人無不感到佩服。

林肯接著說：「就我所知，我父親以前也為你的家人做過鞋子。如果你的鞋子磨腳，或者有什麼不合適——雖然我不是一個偉大的鞋匠，但是我從小就跟父親學到了那個手藝——我可以維修它。對參議院裡面的任何一個人都一樣，如果那雙鞋是我父親做的，而它們需要修理或者需要改善，我一定會盡全力幫忙。但是有一件事是可以確定的，我無法像他那麼偉大，他的手藝是沒有人能夠比得上的。」

不卑不亢——

只有真正做到不卑不亢，才能讓別人尊重你，因為只有自己尊重自己，才能讓別人也尊重你。

08 用捶背換來的食物

許多年前，美國加利福尼亞的威爾遜小鎮湧來一群饑餓的難民，當鎮長傑克遜先生發送食品時，許多難民狼吞虎嚥，只有一位年輕人例外。

他對鎮長說：「先生，送給我這麼多好吃的，有什麼工作需要我做的嗎？」

傑克遜笑了：「我只不過想給你們提供些幫助而已，那來的工作讓你做呢？」

但年輕人卻不領情：「不，先生，如果沒有工作做的話，我不會接受你的食物。真的，先生，我總得為你做些什麼呀！」

實在沒別的點子可想，傑克遜先生只好蹲下來，讓年輕人為他捶背。

後來，年輕人被留了下來，傑克遜鎮長把女兒嫁給了他。

二十年後，這位年輕人成了世界石油大亨，他的名字叫哈默。

不受嗟來之食——

俗語道：「志士不飲盜泉之水，廉者不受嗟來之食。」我們在懂得感激的同時，不能忘了自己的原則和尊嚴。

09 驢的計謀

主人家養著一條小狗和一頭驢。

每天當主人回來時，小狗總是飛快地迎上去，又是搖尾巴又是親熱地叫喚，主人也總是高興地撫摸小狗，小狗還伸出舌頭舔舔主人的臉。

驢子看著這一切，心中很不快。

心想，自己這麼只知道埋頭苦幹不行，工作做得多還經常挨打，小狗什麼也不用做，樣子還很漂亮，看來要想辦法與主人聯絡感情。拿定主意，驢子等主人回家時也大叫著迎了上去。

牠把蹄子搭在主人肩上，伸出舌頭就舔。

主人又驚又怒，使勁把牠推開，驢子重重地摔在了地上，又被主人狠狠地抽了幾鞭子。

保有自己的個性和原則——

有的人可能會賞識圍著自己轉的「狗」，而有的人則會偏愛埋頭幹活的「驢」。那麼既然是「驢」，就不要勉強去學「狗」的本領，要知道適合狗做的事，驢又未必適合做？

每個人都有他自己的特點和獨特的性格，如果為了去適應別人的喜好而改變了自己的個性，得來的結果就會和學狗的驢一樣。人要保有自己的個性和原則，才能得到他人的尊重和賞識。

10 還債

許多年前，一位作家在一次倒楣的投資中，損失了一大筆財產，瀕臨破產。他打算用他所賺取的每一分錢來還債。

三年裡，他為著這個目標而不懈地努力。為了幫助他，一家報紙組織了一次募捐，許多要人都慷慨解囊，這是一個誘惑——接受這筆捐款將意味著結束這種折磨人的負債生活。然而，作家卻拒絕了。他把這些錢退還給了捐助人。

幾個月之後，隨著他的一本轟動的新書的問世，他償還了所有剩餘的債務。這位作家就是馬克．吐溫。

相信自己——

馬克．吐溫如果接受了別人的捐款，他就失去了償還債務的壓力，也就失去了拼命工作的動力，轟動一時的新書也許就不會問世了。

11 第十二塊紗布

在一所大醫院的手術室裡，一位年輕的護士第一次擔任責任護士。「大夫，你已經取出了十一塊紗布，」她對外科大夫說，「我們用的是十二塊。」

「我已經都取出來了，」醫生斷言道，「我們現在就開始縫合傷口。」

「不行。」護士抗議說，「我們用了十二塊。」

「由我負責好了！」外科大夫嚴厲地說，「縫合。」

「你不能這樣做！」護士激烈地喊道，「你要為病人想想！」

大夫微微一笑，舉起他的手讓護士看了看這第十二塊紗布：「妳是合格的護士。」他說道，「現在，因為妳的正直，妳被正式任命為護士長了。」

正直的勇氣——

正直經常表現為堅持不懈、一心一意地追求自己的目標。正直使人具備了冒險的勇氣和力量，勇敢地迎接生活的挑戰。

12 林肯的成功

林肯曾談及自己的提升及人生最初起步的成功時，將成功都歸功於自己樂於助人、親切隨和的性格，也就是說，任何可能的情況下去幫助別人。

他非常樂於助人，這使得他在任何場合中都能與別人打成一片。他在律師事務所的合夥人亨恩頓先生就曾說：「在林肯先生住所住滿了人的時候，他會把自己的床讓給別人。然後，他自己就到店裡的櫃檯上睡，捲一捲布當作枕頭。」正是這種樂於助人、樂善好施的性格使得林肯倍受人民的愛戴。

人的品格是世界上最偉大的一種力量——

如果你在剛踏入社會的時候，便能像林肯那樣，樂於助人，具有親切隨和的性格，做任何事情，都無悖於養成完美人格的要求，那麼，即使你無法獲得盛名與巨大利益，但終不至於失敗。

13 成人之美

第一次登陸月球的太空人其實共有兩位，除了大家所熟知的阿姆斯壯外，還有一位是奧爾德林。當時阿姆斯壯說過一句話：「我個人的一小步，是全人類的一大步。」這早已是全世界家喻戶曉的名言。

在慶祝登陸月球成功的記者會中，一個記者突然問奧爾德林一個很特別的問題：「阿姆斯壯先生成為登陸月球的第一個人，你會不會覺得有點遺憾？」

在全場有點尷尬的注目下，奧爾德林很有風度地回答：「各位，千萬別忘了，回到地球時，我可是最先出太空艙的。」他環顧四周笑著說，「所以我是由別的星球來到地球的第一個人。」大家在笑聲中，給予了他最熱烈的掌聲。

給別人以真誠的掌聲——

你會不會欣賞同事的成就呢？你是否願意從心裡給別人以熱烈的掌聲？「成人之美」不但是一種修養，更是一種美德。

14 一起哭

與小女孩同班的小朋友小安，母親剛剛過世了，放學後同學們和老師去小安同學家安慰小安及其家人。

回來後，小女孩的母親好奇地問道：「妳到同學家做了什麼？」

小女孩答：「去安慰難過的小安。」

母親繼續問：「妳怎麼安慰她呢？」

小女孩回答：「我還小，不會說安慰的話，我只是和她抱在一起跟她一起哭。」

安慰——

陪著哭泣的人流淚，多少會使他感到幾分安慰。安慰人，不在乎言語的多寡，而在於內心真實的感受。一個淚流滿面的擁抱，一個深深傷痛的眼神，都可以使他人受用不已。

15 碎雞蛋

有一個男孩提了一籃雞蛋要到市場上去賣，在路上他不小心絆了一跤，結果雞蛋全部打碎了。

小男孩愣在一旁，盯著碎了的雞蛋，不知所措。來來往往的人很多，有人覺得可惜、有人幸災樂禍、也有人冷眼看熱鬧。

這時候，有一個婦人從人群中走出來，對男孩說：「我出五塊錢買你一些雞蛋。」婦人的行為感動了其他的人，大家都拿出一些錢來給了小男孩。

很快的，小男孩又可以再去批一籃雞蛋賣了。

善意——

口中的評論，遠不如具體的行動。在你的生活中，有哪些事情是你可以幫上一些忙的，或者流露一些善意的？善意不會是失敗的投資。只要有心，很多人都可能因你的幫助而感到溫馨。

16 每個人都是重要的

學校開學的第二個月，教授突然給同學們一個小測驗。

珍妮是個用功的好學生，所以這些問題對她來說輕而易舉。直到她讀到最後一道題：「每天清掃學校的女士叫什麼名字？」

她料定這是教授跟學生開的玩笑。

珍妮曾見過那個女清潔工幾次，她高個子，黑頭發，五十多歲……可是珍妮怎麼可能知道她的名字呢？於是珍妮交了卷，沒有答最後一題。

下課後，一個學生問起最後一題是否記分，教授說：「絕對會記。」接著又說道，「在你們職業生涯中會遇到許許多多的人，每個人都是重要的。他們都值得你們去注意、關心，哪怕僅僅是微笑一下，問個好。」

這節課讓珍妮很受啟發。下課後，她得知了那位女清潔工的名字。

往後的每次相遇，珍妮總是會給清潔工一個微笑。

多一點微笑──

在我們的一生當中，會遇到許許多多的人，不要忽視那些在你身邊看似平凡，或與你沒有什麼關係的人，在待人接物時要想到每個人都是重要的，把每個人當作重要的人來對待，有時候，僅僅是一個微笑也好，這樣你的生活才會更有意義。

17 盲人提燈

有一個盲人在夜晚走路時，手裡總是提著一個明亮的燈籠，別人看了很好奇，就問他：「你自己什麼也看不見，為什麼還要提燈籠走路？」

那盲人滿心歡喜地說：「這個道理很簡單，我提燈籠並不是給自己照路，而是為別人提供光明，幫助別人。我提著燈籠，別人也容易看到我，就不會撞到我身上，這樣還可以保護自己的安全，等於幫助自己。」

利人便是利己——

不要吝嗇你的付出，伸出你的雙手，幫助別人，也是在幫助你自己。要謹記，點燃蠟燭照亮他人者，也會給自己帶來光明。

18 追趕承諾

百事可樂的總裁卡爾．威勒歐普到科羅拉多大學演講的時候，有一個名叫傑夫的商人透過演講的主辦者約卡爾見面談一談。卡爾答應了，但卡爾申明只能在演講完後，而且只有十五分鐘的時間。

於是，傑夫就在大學禮堂的外面坐著等他。

卡爾興致勃勃地為大學生們演講，講他的創業史，講商業成功必須遵循的原則，不知不覺中時間已超過了與傑夫約定的見面時間，顯然他已忘記了與別人的約定。

這時，一張名片遞到卡爾面前，卡爾才猛然想起，他與別人還有一個約會呢。於是他對大學生們說：「謝謝大家來聽我的講演，本來我還想和大家繼續探討一些問題的，但是我有一個約會，而且現在已經遲到了。遲到已經是對別人的不禮貌，我不能失約，所以請大家原諒，並祝大家好運。」

在如雷般的掌聲中，卡爾快步走出禮堂去見傑夫。

後來，傑夫成了一名成功的商人，他把這一段經歷告訴了他的朋友，他的朋友們都對百事可樂產生了信任並決定經銷和宣傳百事可樂。

守信——

我們生活在一個需要頻繁地與別人交流和聯繫的時代，因此言而有信在交往中比什麼都重要！

19 募捐

一位修女想為孤兒院募款，因此特別去拜訪一位富翁，可是這位富翁很吝嗇。

這天恰巧富翁因為股票跌停，心情不佳。他認為修女來的不是時候，聽了修女的話，大為光火，揮手就打了修女一記耳光。

但是這位修女不還手也不還口，只是微笑地站著不動。

富翁更惱火了，破口罵道：「怎麼還不滾！」

修女說：「我來這裡的目的，是為孤兒募款，我已收到您給我的禮物，但是他們還沒有收到禮物。」

富翁呆住了，他大受啟發。在以後的每個月都自動捐款給孤兒院。

忍——

忍耐，需要很大的勇氣和毅力，而有勇氣和毅力的人，心中一定充滿了信念。俗話說，心字頭上一把刀即為忍，人若有一顆堅定的心，必能忍別人所不能，而就是這份堅忍，能引領著你邁向更寬闊的天地。

PART 4

智慧人生

智慧其實是一種境界，是一種只可意會不可言傳的境界：廣闊的胸懷、淵博的知識、精明的頭腦、機智的反應、敏銳的行動、幽默的語言……智慧無處不在，只是不同的人，不同的時空，不同的事物，智慧的表現形式不同而已。

01 小象胖胖

小象胖胖出生在馬戲團中，牠的父母是馬戲團中的老演員。

小象胖胖很淘氣，總想要到處跑動，於是工作人員在牠腿上拴上一條細鐵鏈，把鐵鏈的另一頭繫在鐵欄杆上。

胖胖對這根鐵鏈很不習慣，牠用力地想要掙脫它，可是卻怎麼都掙脫不了，無奈的牠只好在鐵鏈範圍內活動。

過了幾天，胖胖又試著想掙脫鐵鏈，但是還是沒能成功，牠只好悶悶不樂地老實下來。

一次又一次，胖胖總是掙脫不了這根鐵鏈。慢慢地，牠不再去嘗試了，牠習慣了鏈子，再看看父母，牠發現牠們也是和自己一樣。漸漸地胖胖開始覺得好像本來就是該這個樣子的。

於是乎，胖胖一天天長大了，以牠長大後的力氣，想要掙斷那根小鐵鏈，簡直是不費吹灰之力，可是胖胖再也沒有想要那樣做了，因為牠認為那根鏈子牢不可破，這個強烈的心理暗示早已深深地植入牠的記憶中了，牠已經失去了和命運去抗爭的信心與決心。

一代又一代，馬戲團中的大象們就這樣被一根小鐵鏈拴著，活動在一個固定的小範圍中。

正確面對困難和挫折——

很多時候，你所面對的困難和挫折可能會讓你感到力不從心、無法超越，但即使這樣，你也一定不要放棄繼續追求的信心和決心，因為如果放棄了你就不再有任何一點機會了。

如果你能夠繼續努力並永遠對自己有信心，總有一天你會發現，那些困難和挫折並不像當初想像中那樣不可戰勝，當時的失敗只是因為時機還未成熟罷了。

02 滾土的小松鼠

一個隱士計劃在大河上搭建一座橋，方便人們通行，他請所有的動物來幫忙。大象用牠有力的鼻子把巨石推進海裡，犀牛把沙土頂到海中，猩猩把木頭拉到海裡去，所有的動物都樂意為造橋貢獻自己的力量。

小松鼠在一旁看著大工程的進行，覺得自己實在太小，沒有辦法和牠們一起工作。後來牠想出一個好方法，牠在塵土中翻滾，讓全身沾滿泥土，然後快速跑向河邊，把身上的泥土抖進水中，松鼠一次又一次重覆著這樣做。

隱士看見了這一切，就誇獎牠說：「只要有心，即使一隻小小的松鼠也能有所成就。」

不要小看自己——

有時，你是否也會覺得自己一無是處並因此而感到自卑？但是，無論怎樣，你一定要相信，即使你像一隻小松鼠或一個螺絲釘般微不足道，但只要你願意奉獻自己，你仍然可以實現自己的價值，做一個有用的人。

03 人生之門

著名的足球「門神」哈拉爾德・舒馬赫是世界上最優秀的守門員之一，他曾當選為「足球先生」。

舒馬赫的童年是在貧民區度過的，而就是在那個時候，他深深地迷上了足球。因為他發現，和小夥伴們瘋狂地追一個皮球，在草地上撒野時，貧困所帶來的憂愁便一掃而光。十二歲那年，他開始在一家足球俱樂部練習守門。這一年，有一件事幾乎影響了他的一生。

他無意中去看了一部名叫《羅基》的電影，這是一部充滿人生哲理的神話故事片。故事講述了主人翁羅基的一生，惡神給巨人羅基帶來無數的磨難，羅基不屈地一次次從挫折中爬起來，戰勝了敵人、邪惡、貧窮，最後戰勝自己。羅基終於主宰了自己的命運，成為了一個熱愛人生和世界的真正勇士。

舒馬赫渴望自己也能成為一個像羅基那樣的人，他相信自己有這樣的能力。在他的足球生涯中，他就是一次次從挫折中爬起來，一步步地越過坎坷，邁向輝煌。

相信自己——

要想戰勝困難，就必須首先戰勝自己，建立自信，相信沒有事情是自己辦不到的。只有經歷磨難，能夠不屈不饒地從打擊和困難中站起來的人，才能戰勝對手，戰勝自己，戰勝阻礙自己前行的一切阻力。

04 自己抓癢

有一個人身上突然發起癢來，他趕忙叫來兒子，對他說：「快點，把手伸進我脊背裡，幫我抓癢。」

他的兒子急忙把手從他衣服下面伸進他的背部，抓起癢來。可是一連抓了三次，都沒有抓著癢處。那人急了，又說：「快點，叫你媽來幫我抓癢。」

他的妻子急忙過來給他抓癢，可是一連抓了五次，還是沒有抓到癢處。那個人生氣地說：「你們兩個是我最親近的人，為什麼連這點小事都沒有辦法替我辦到呢？唉！」這個人只好自己伸手去抓，儘管有點不方便，但他還是想辦法抓著了癢處。

自己的問題自己解決——

身上哪裡癢，只有自己最清楚，自己的癢處自己抓。

拋棄那一份依賴的心情吧，人生在世，必須自強自立，周圍的人在必要時可以扶你一把，但任何人都不可能變成你的一部分，永遠地幫助你、支援你。最能解決你自己問題的，還是你自己。

05 留住希望的種子

從前有個孤兒，過著貧窮的生活。那一年冬天剛剛開始，他的全部家當只剩下父母生前為他留下的一小袋豆子了。但是，他強抑制住饑餓，把那一小袋豆子收藏起來，隨後，靠撿破爛勉強度日。但在他心中總有一株株綠得可愛、綠得誘人的豆苗在蓬蓬勃勃地生長，他似乎真的看見了來年那飽滿的豆莢。因此，那一個漫長的冬季裡，他雖然多次險些餓昏過去，卻一直不曾觸摸過那一小袋豆子——因為在他心中，那是希望的種子啊！

春天來了，孤兒把那一小袋豆子播種了下去。經過一個夏天的辛勤勞動，到了秋天，他果然獲得了歡喜的豐收。

豐收之後的孤兒並不滿足，他還想獲得更多，於是他把收穫的豆子又留下來繼續播種、收穫。就這樣，日復一日，年復一年，種了又收，收了又種，不出幾年，孤兒的田邊地角，房前屋後全都種滿了豆子。他很快告別了窮困，成為遠近聞名的大富豪。

成功總是戰勝困苦去實現的——

生活中誰都會遇到困難和挫折，但只要你的希望還在，對未來的憧憬猶存，你就能克服一切困難，將夢想變成現實。

06 巴爾扎克的名言

偉大的人物並非一出生就名揚天下，在成名之前，他們都曾有過困惑，有過狼狽。

巴爾扎克就是如此。他本來是學法律的，但是大學畢業後他偏偏想當作家，全然不聽父親要他當律師的忠告，因此把父子關係弄得十分緊張。

不久，父親便不再提供他任何生活費用，他寫的那些文章又不斷地被退回，他陷入了困境，並且負債累累。

最困難的時候，他甚至只能吃著麵包和著白開水果腹。但他仍然樂觀以對，每在就餐之時，他便在桌子上畫上一只盤子，上面寫上「香腸」、「火腿」、「奶酪」、「牛排」等字樣，然後在想像出的美味與歡樂中狼吞虎嚥。

更發人深省的是，正是在這段最為「狼狽」的日子裡，他花費了七百法郎買了一根鑲有瑪瑙的粗大的手杖，並在手杖上刻了一行字：我將粉碎一切障礙。

正是這句名言支撐著他，他後來果然成功了。

忍耐的力量——

去做自己所堅持的，只要有專注的精神，旁人看似不可能的事你也會將它變成可能。不要因為時運不濟而鬱鬱寡歡，不要因為挫折而退縮，忍耐雖然痛苦，果實卻最香甜。

07 迎向風雨

有幾個大學生登山因迷途而喪生，記者就此而訪問了一位登山專家。

記者提出的第一個問題是：「如果我們在半山腰，突然遇到大雨，應該怎麼辦？」

登山專家說：「你應該向山頂走。」

「為什麼不往山下跑？山頂風雨不是更大嗎？」記者懷疑地問。

「往山頂走固然風雨可能更大，卻不足以威脅你的生命。至於向山下跑，看來風雨小些，似乎比較安全，但卻可能遇到暴發的山洪而被活活淹死。」登山專家嚴肅地說，「對於風雨，逃避它，你只能被捲入洪流；迎向它，你卻能獲得生存！」

除了登山，在人生的戰場上，不也是如此嗎？

迎難而上——

逃避是不能解決問題的，它只能使你陷入更大的麻煩中；迎難而上，經歷風雨才能見到彩虹。

08 元首壁毯

一九八四年，比利時地毯商范德維克無意之中發現非洲各國的政府都要掛張元首的照片。由於氣候濕熱，照片極易泛黃變形，因此需要經常更換照片，也給工作人員帶來不少麻煩。

他還細心統計了一下，一個非洲總統平均在位十至十五年。這樣長的時間，如果根據照片織成壁毯掛在牆上，豈不既美觀又耐久？於是他很快在普通地毯的基礎上設計出了綴有一些非洲國家元首頭像的壁毯。

頭像壁毯一問世，就深受非洲國家的歡迎，短短時間便賣了五萬塊，收回了全部研製費用。當年，他製造阿拉法特頭像壁毯，僅在阿拉伯國家就賣掉了三萬塊。

范德維克從此在地毯製造業中鶴立雞群，成為遙遙領先的佼佼者。

智慧需要思考做翅膀——

智者棄短取長，以致其功。只有用頭腦去想，用眼睛去尋找，用心去做的人，才能在競爭激烈的社會大潮中獲得生存和發展的機會。

09 獅子的下場

佛吉尼亞州的里夫斯建議林肯放棄薩姆特和皮肯斯城堡，以及在南方各州的其他聯邦產權。林肯說：「你記得獅子和樵夫的女兒這個寓言嗎？」

「那倒沒聽說過。」里夫斯大惑不解。於是，林肯便給他講了這個故事：一隻獅子深深愛上了一個樵夫的女兒。女子的父親說：「你的牙齒太長了。」獅子就找牙醫把牙齒拔了。牠回來後又找樵夫提親，樵夫說：「還不行，你的爪子太長了。」獅子又去找醫生，把爪子也拔了，然後回來要女子嫁給牠。樵夫看到獅子已經解除了武裝，就開槍把牠打死了。

林肯最後說：「如果別人要我怎樣我就怎樣，那我會不會也是這個下場呢？」

任何事都要用心去思考——

再尖銳的牙齒，再鋒利的爪子，也比不上一個會思考的腦袋。智慧是不會從天而降的，因此遇到任何事時一定要用心去思考，不要盲目地聽信他人的片面之詞，也不要做一些衝動的不計後果的事。

10 一頂王冠的故事

阿基米德是位數學家。一天，國王希倫二世要阿基米德給他幫個忙。國王曾經從當地的一個金匠手中買了一頂金王冠，但他又怕那個金匠騙他，在王冠的金子裡摻了些別的金屬。希倫二世要阿基米德測出金子的含量，但是不能弄壞了王冠。

很多天過去了，阿基米德還是沒能解決問題。一天下午，阿基米德跨進浴缸的時候，看見原來滿滿的水溢了出來。他意識到從浴缸中排出去的水量剛好等於他浸入水中的身體的體積。

這就是解決問題的方法！

他想如果把國王的王冠放到盛滿水的盆裡，然後稱一稱被王冠排出去的水量，他就可以知道王冠的體積了。接下去再稱一稱王冠的重量，把這個重量跟同體積純金的重量比一比看是否相同，問題就解決了。

阿基米德找到辦法後，興奮極了。他光著身子就從浴室裡跑了出來，在錫拉庫薩城的大街上大喊大叫：「找到了！」

智慧可以幫人獲得財富和榮譽——

要領悟真理必須有一個智慧的頭腦。擁有智慧，就等於擁有未來和財富。

11 故事裡的啟示

有一位在公園工作的花匠，他博學多識，並且很喜歡和附近的小朋友相處，他常常說一些很有啟發性的故事給小朋友們聽，而且大家都聽得津津有味。

十多年後，一位英俊挺拔的年輕人前來找他：「您還記得我嗎？我是小時候常來這裡找您玩的那群窮孩子中的一個。有一次您指著一隻剛要從草地爬上樹幹的蝸牛，說道：牠一步步的爬，雖然爬得慢，但總有一天會爬到樹頂上的。」

「這個事情給了我很大的啟示，雖然當時我的家境不太好，但我卻學習蝸牛的精神，半工半讀，終於一步步完成了學業，上星期我剛成為一位博士，今天我是專程來向您道謝的。」

蝸牛的啟示——

生活中處處有智慧，處處有道理。我們應該做的，是以一顆敏銳的心去體驗、去發掘。每一個人都有可能啟示他人，一句不起眼的話，可以給別人帶來極大的鼓舞；一個小小的啟示，可以改變人的一生。

12 喜與惡

有一個農夫種植了一塊蘆筍田，蘆筍長得很好，田中沒有半根雜草。旁人十分好奇，便問為什麼他的蘆筍長得那麼好而又沒有雜草在其中呢？

農夫是這樣回答的：「蘆筍生性喜歡鹽，多弄一些鹽在田裡，可以使蘆筍長得更好；而雜草則剛好相反，它們討厭鹽，只要撒鹽在田中，雜草一根都長不出來，所以不但消除了雜草，也使蘆筍長得更好，這樣就一舉兩得。」

生活中，智慧無處不在——

生活本身就是一本充滿智慧的書，只要你每時每刻都以一顆細緻的心去觀察自己平凡的生活，總會發現智慧的身影。

13 考核

某工廠想要招聘一批工人，許多人聞訊趕來。

考核還沒開始，外面淅就下起了小雨。這時，正在急著將貨物裝車的工人進來向招聘負責人求援。

負責人請前來應聘的眾人去倉庫幫忙把貨物裝上車，大家便傻呼呼地跟著過去，還很賣力地幫起忙來了。

不一會兒，廠長來到倉庫，問哪來的那麼多幫忙的人，招聘負責人便據實以告。廠長轉身大聲訓斥道：「怎麼搞的，不是說過了，過一段時間再招工嘛！」

正在水深火熱地幫著將貨物裝上車的應徵工人一聽，有不少人立刻就火了起來：「這不是耍人嗎？太可惡，我不幹了。」說著便憤憤地扔下手中的貨箱，一窩蜂地往外走去。

這時，天空中還下著細雨，負責招聘的人看著大堆等待裝車的貨物，焦急地向眾人許以報酬，請大夥留下來幫忙裝車，結果只有一個人在大夥的譏笑中留了下來。

貨物裝完了，那個人沒領報酬就往回走。

這時，負責招聘的人過來握住他的手：「祝賀你通過了考核，你被聘用了。」

那人一愣，迎面碰上了廠長贊許的目光和肯定的點頭。

善意——

善意做事的同時，也就抓住了身邊的機會。其實，生活中很多時候，我們看似在幫助別人，其實最終常常是幫了我們自己。

14 螞蟻與大鳥

一隻小螞蟻在河邊喝水，不小心掉進了河裡。牠用盡全身力氣想靠近岸邊，但沒過一會兒就游不動了，在原地打轉，小螞蟻近乎絕望地掙扎著。這時，正在河邊覓食的一隻大鳥看見了這一幕，牠同情地看著這隻可憐的小螞蟻，然後銜起一根小樹枝扔到牠旁邊，小螞蟻掙扎著爬上樹枝，終於脫險回到岸上。

當小螞蟻在河邊草地上曬乾身體時，牠聽到了一個人的腳步聲。一個獵人輕輕地走過來，手裡舉著槍，準備射殺那隻大鳥。小螞蟻迅速地爬上獵人的腳，鑽進他的褲管。就在獵人扣動板機的瞬間，小螞蟻咬了他一口。獵人一分神，子彈打偏了。槍聲把大鳥嚇得驚起，振翅遠飛了。

儘管螞蟻是比大鳥弱小許多的小動物，但牠卻用自己的力量幫助大鳥躲過一次殺身之禍。

認真對待你身邊每一個人——

不要以為只有結交權貴才會對自己有好處，心懷善意，常助他人，因為一件微不足道的小事或許可以改變一個人的一生，記住千萬不要因為「善小而不為」。

15 小烏龜

一個六歲的小男孩，生日那天收到爺爺給他的一份禮物，那是一隻可愛的小烏龜。他非常興奮，很想和小烏龜一起玩耍，但因為烏龜初到陌生的環境，一下子就把頭腳縮進了殼裡。小男孩急了，便用棍子捅牠，想把牠的頭趕出來，但卻毫不見效。

爺爺看到他的舉動，連忙說：「孩子，不要用這種方法，來，我教你一個更好的辦法，」

他和小男孩把烏龜帶進屋內，放在暖和的壁爐旁，幾分鐘後小烏龜覺得熱了，便伸出了牠的頭和腳，並且主動地向小男孩爬去。

「有時候人也跟烏龜一樣。」爺爺說，「不要用強硬的手段去逼迫人，只要給予善意、親切、誠摯和熱情使他覺得溫暖，他就一定會回報你。」

友善——

溫暖是人人喜歡的感覺。看那寒冷的風吹襲路人，只會使人更緊緊地裹住衣服，溫暖的陽光才能使人脫掉厚重的衣服。

當你試圖打開他人的心扉時，請記住，親切真摯的愛心與關懷是最快、最有效的方法。

16 謙遜的大樹

在一片廣闊的森林裡，有一棵小樹很自傲，它常望著那些比他矮小的小花小草搖著頭說：「各位，你們看我長得多麼高！離地好遠啊！」一面誇口，一面在那裡洋洋自得。

在森林中另一個地方，有一株高大的千年古松，它常舉目仰視蒼穹，並歎息謙卑地說：「我何等渺小！離廣闊的天空好遠，還要多少年我才碰得到天上的雲彩呢？」

謙遜——

謙遜往往和一個人的成就成正比，越是認識自己的人越知道謙遜，因此也就越有成就。謙遜的人能充分認識自己的實力，知道廣結善緣，樂於與他人合作。

當一個人地位低微時，對人謙遜，並不是一件了不起的事；但當一個人因貢獻和成績受到讚揚時，仍能保持謙遜，就是一種受人尊敬的行為了。

17 蘋果的遭遇

洪水把一群人和一群猴子逼到同一個山頂上。

兩天兩夜，人都沒能吃上一口東西，猴子也一樣沒有吃到任何東西。

第三天，人從水裡撈起一個蘋果，猴子也從水裡撈起一個蘋果。

男人把蘋果讓給女人，女人把蘋果讓給老人，老人最後把蘋果讓給了小孩。蘋果在人群中傳來傳去，人們互相謙讓，誰都不肯先吃上一口。

另一個蘋果的命運卻相反，老猴把它從小猴手中奪了去，母猴又從老猴手裡把它奪了去，猴群沸騰了，猴子們爭行恐後地伸手去搶那個早已被抓得傷痕累累的蘋果。最後，蘋果落到了猴王的嘴裡。

猴說：「人啊，真蠢！自己餓得要死，卻把吃的東西讓給別人！」

人卻說：「正因為你們不能明白這個道理，所以你們雖然長得像人的模樣，卻不能成為人！」

利己無益——

一切利己的生活，都是非理性的、動物的生活。動物是永遠不會明白這個道理的，而我們人類中又有多少人明白而又能夠真正地實行呢？

只要每一個人在利益面前，先想到別人，那麼人類的明天將會更加美好。

18 放棄「寶貝」

蘇格拉底帶著他的學生打開了一座神祕的倉庫。這座倉庫裡裝滿了發著奇異光彩的寶貝。仔細看看，每件寶貝上都刻著清晰可辨的字紋，分別是：驕傲，嫉妒，痛苦，煩惱，謙虛，正直，快樂……這些寶貝是那麼漂亮，那麼迷人，學生們見一件愛一件，抓起來就往口袋裡裝，可是，在回家的路上，他們才發現，裝滿寶貝的口袋是那麼沉。沒走多遠，他們便感到氣喘吁吁，兩腿發軟，腳步再也無法挪動。

蘇格拉底於是說：「孩子們，還是丟掉一些寶貝吧，後面的路還長呢！」

「痛苦」被丟掉了，「驕傲」也被丟掉了，連「煩惱」都被丟掉了……口袋的重量雖然減輕了不少，但學生們還是感到它很沉，雙腿依然像灌了鉛似的重。

「孩子們，」蘇格拉底又一次勸道，「你們再把口袋翻一翻，看還可以丟掉一些什麼。」

學生們終於把最沉重的「名」和「利」也翻出來丟掉了，口袋裡只剩下了「謙遜」、「正直」、「快樂」……一下子，他們感到說不出的輕鬆和快樂，腳上彷彿長了翅膀。

蘇格拉底長舒了一口氣：「啊，你們終於學會了放棄！」

在追求時別忘了一路放棄不必要的東西——

在任何人的心中都有著一些無法割捨的寶貝，但是人生要是扛著所有的東西前行，那勢必會很累，只有在追求的同時，懂得放棄一些不必要的東西才能活得更輕鬆、更快樂。

19 商人與老人

一個商人在碼頭上看著一位老人釣魚，他發現老人每釣到一條魚，就把那條魚從魚鉤上摘下來，扔回海裡。

「你為什麼不留下那些魚呢？」商人非常不解。

「我留下這些魚做什麼呢？」老人反問。

「留著吃啊！」

「我一天隻吃三條魚，用不了這麼多的。」

「你可以把這些魚賣掉啊！」

「賣掉？賣掉這些魚做什麼？」

「賣掉這些魚你就可以有錢了！」商人的眼裡放出了亮光。

「我要那麼多錢幹什麼？」老人不屑地問。

「那樣的話，你就可以買一艘自己的遊艇。」

「我要遊艇做什麼呢？」

「你可以在遊艇上舒舒服服地悠閒地釣魚啦！」

「你覺得我現在這樣釣魚不舒服，不悠閒嗎？」

「……」商人目瞪口呆。

不需要的東西可以不用費力追求——

有的時候快不快樂只有自己最清楚，浮華豔美的形式只能給他人在視覺上的愜意，而那未必會適合自己。而若要獲得真正的快樂就必須要看清自己的目的，不要費力去追求一些虛華、沒有意義的東西。

他讀的是一所不太有名的大學，在學業上也很普通。畢業後，很長時間都在人力市場中打轉，也沒能找到一份合適的工作。

回到家中，他便牢騷滿腹地跟父母抱怨自己沒有一個有能耐的親戚，沒有一點社會背景，將來的發展一定是寸步難行。

在廚房裡忙碌的母親緩緩地道出一語：「照你那麼說，我和你爸爸，還有那許多沒念過大學的，就不用過日子了？孩子啊，沒背景也要努力向前邁進啊。」

「是啊，我和你媽媽省吃儉用供你讀書，就是希望你將來能夠有出息的……」父親在一旁補充道。

父母簡單的話語，讓他感到十分地慚愧，父母對生活始終如一的認真、堅忍、樂觀、向上……這些優秀的品質，理應成為自己擁有的最可依賴的資本啊……

父母的話和品格使他的信心倍增，激勵他在工作上創造了不少的成績，並且始終如一地勇往直前。

真正的財富——

當我們在埋怨父母和前輩沒有留給自己可見的、物質的遺產時，為什麼不換個角度看看那些隱藏的、更深的精神力量呢？事實上，那才是最寶貴的財富啊。

看好未來的你

不要自己嚇自己

PART 5

感悟真、善、美

人生絕對不僅僅是活著，它含有一些莫測的變化，也含有一股不息的奔流。人生是一片神奇的土地，分分寸寸都浸潤於真、善、美之中。我們的雙手也許會枯萎，我們的肉體有一天也會消亡，然而，我們所創造的真、善、美則將與時俱在，永存不朽。

01 花瓶的身價

有一個人在舊貨攤上買了一個廉價的花瓶。他深深地被這個花瓶所吸引，但是他的家人都不覺得這花瓶有什麼特別，無論放在什麼地方他們都覺得很一般。

後來，有一位古董專家到這個家庭做客，當他看見這個花瓶時，立刻鑒定出它是明朝時期的花瓶，價值連城。

珍寶往往藏在平凡的背後——

世人是很容易被表面的裝飾所欺騙、所迷惑的。

好好留意你的四周，許多你以為稀鬆平常的事，說不定都蘊藏著不為人知的價值，或許是一本不起眼的書籍，一句偶然飄過耳邊的話……

02 價值

一個報社的總編輯接受邀請到某學院演講，雙方談定的酬金是一百美元。當總編輯先生抵達時，受到了他演講生涯中最熱烈的一次歡迎。他的演講十分成功，並且從學生們身上獲得了許多有益的東西。因此，當院方準備付酬金時，他說，他已經收到了超出應得報酬的好幾倍，因為他在當地停留期間學到了很多東西。這位總編輯謝絕了酬金。

第二天，學院院長向他的兩千名學生宣佈了總編輯先生拒收酬金的事。院長激動地說：「在我主持這家學院的二十年期間，我曾經邀請過幾十位有名人士為學院發表演說，但是，這是我第一次知道有人拒絕接受他的演講酬勞。因為，他認為他已在其他方面得到了收穫，可以彌補他的演講費用。這位先生是一家著名報社的總編輯。因此，我建議你們每個人都去訂閱他的報紙。因為，像他這樣的人，一定擁有許多美德和能力，是你們將來離開學院，踏入社會時所必須用到的。」

不出一週，那位總編輯所在的報社就收到了該院五千多美元的訂刊費。在以後的兩年中，這兩千多位學生，以及他們的朋友一共訂閱了五萬美元的報紙。

美德是品格最高的體現——

美德是一種無形的資產，在適當的時候，它會發出奪目的光輝。

03 救命的銀絲

聖經上說，約瑟和馬利亞帶著小耶穌逃難，在前往埃及的路上，他們很疲倦地找到一個山洞，作為藏身之所。

當時天氣寒冷，一隻小蜘蛛見到耶穌來到，就很想為他做一些事，而牠唯一所能做的，就是在洞口結上一面如幔子似的網，希望能使他在寒冬中感到一絲溫暖。

一群奉命追殺耶穌的士兵，經過洞口，正要進去搜查時，隊長注意到沾滿白霜的蜘蛛網，就對他們說：「你們看洞口的蜘蛛網一點都沒破，裡面不可能有人，不用搜了。」

耶穌一家得以安然無恙，據說後來聖誕樹上懸掛的銀絲就是為了紀念那隻蜘蛛所做的。

善良是燈塔——

一支蠟燭雖然是平凡而渺小的，但它的光芒卻能將周圍照亮！一件善事，也正如小蠟燭一樣，在這平凡的世界裡放出的是耀眼的光芒。

只要我們有心，每個人都可以為別人做一些事，不管大或小，都能化為美麗的光彩。想一想，你可以為周圍的人做哪些事情呢？

04 裝滿東西的房子

有一個國王，他想從三個優秀的兒子中，選擇一個人來接任他的王位。他叫來了三個兒子，分別給他們相同的一筆錢。

國王要求他們三人想辦法，在天黑之前，去買一些東西，儘量把一個大房間裝滿。

第一個王子考慮了老半天，跑去買了一大堆甘蔗葉，但是經費有限，他買的甘蔗葉只勉強將房間裝滿了一半。

第二個王子買了些更便宜的稻草，但也只裝了三分之二。

小王子最後才回來，他似乎是空手回來的。在國王的詢問之下，小王子說他在路上遇到了一個賣蠟燭的孤兒，他把大部分的錢都給了對方，只拿回幾支小蠟燭。

正當他失意地把那些蠟燭點燃後，大家驚奇地發現，蠟燭所發出來的光芒，很快地就照亮了整個屋子。

小王子當上了國王。

善良的付出總會得到回報——

雖然我們不是為了貪求有所得而行善，但善行總是能為行善的人帶來好運和善果。當你熱心助人時，上蒼會在另一個地方回報你，而所回報的，有時會令你驚喜萬分。

05 最好的演出

法利在一年的聖誕慶典中扮演客店老闆的角色。跟往常一樣，大批觀眾聚在一起看一年一度的耶穌誕生的再現。

這時，約瑟溫柔地保護著瑪麗亞，使勁敲著裝在背景上的木門。

「你要幹什麼？」法利——「客店老闆」粗聲粗氣地問，並打開了門。

「我們找店住宿。」

「店已經住滿了。」

「先生，我們到處都問過了，都不行。我們已經走了很遠，而且很累了。」

「這個店沒有房間給你。」法利看起來很嚴厲。

「行行好吧，好心的老闆。這是我的妻子，瑪麗亞。她懷著孩子，你肯定會有一個小角落給她歇歇腳。」這時，店老闆看了看瑪麗亞，然後停了很長時間沒有說話，這時間長得都叫觀眾焦急了。

「不行！滾開！」提示人在幕後小聲地說，「不行！」法利重覆道，「滾開！」

約瑟淒慘地扶著瑪麗亞，兩個人緩緩離去。

法利站在門口，望著這對不幸的夫妻。張著嘴，憂愁地皺著眉頭，眼裡顯然充滿了淚水。突然，法利喊道，「別走，約瑟！帶瑪麗亞回來。你們可以住在我的屋裡！」這樣的演出完全與劇情相反。

演出結束後，一些人覺得這次表演搞砸了；但絕大多數人卻認為這是他們所看到的最好的演出。

善良的本性——

善良是人的一種本性，在道德品質中，這種本性應該是很重要的。

06 山谷回音

有個來自城裡的孩子，初次和父母到山上的叔叔家度假，在山頭上，他興奮地大聲說了一聲：「喂！」沒想到山谷中也回了一聲：「喂！」他以為是有人跟他開玩笑，就大聲地說：「你是誰？」回答居然也是：「你是誰？」

小孩有點生氣了：「你給我出來！」回答也是：「你給我出來！」

小孩這下可更氣了：「我要揍你！」回答也是一樣：「我要揍你！」

這個小孩生氣地告訴媽媽說有人戲弄他。

媽媽當然知道那是山谷中的回音，但她卻告訴孩子，你現在對他說：「我想和你交朋友！試試看。」

當孩子試著如此說時，果然聽到是「我想和你交朋友！」的回應。

你對別人的態度會直接反映在別人對你的態度上——

別人的反應可能正是我們自己態度的寫照，心與心其實是互相回應的。試著用一個熱忱的態度去面對你周圍的人，你必然會得到同樣的回應。

07 多一些讚美

在同一家公司任職的李小姐和蘇小姐素來不和。

有一天，李小姐忍無可忍地對另一個同事王先生說：「你去告訴蘇小姐，我真受不了她，請她改改她的壞脾氣，否則沒有人會願意搭理她的！」

王先生說：「好！我會處理這件事。」

以後李小姐遇到蘇小姐時，蘇小姐果然是既和氣又有禮，與從前相比，簡直判若兩人。李小姐向王先生表示謝意，並且好奇地問：「你是怎麼說的？竟有如此的神效。」

王先生笑著說：「我跟蘇小姐說：『有好多人稱讚妳，尤其是李小姐，說妳溫柔、善良、脾氣又好、人緣更佳！』如此而已。」

讚美是所有聲音中最甜美的一種——

有時，責備和批評只會帶來更大的怨恨和不滿。如果你的目的是為了讓現狀改善，何不試試誇獎的方式呢？讓我們隨時成為同事、朋友中間的調和劑，使眾人因我們而得到激勵與和睦。

08 一盆花的力量

有一對夫妻開車路過一家鄉下的餐廳，停車用餐時，太太借用了這家餐廳的化粧室。她一進化粧室便看見一盆盛開的鮮花，擺在一張舊式但卻非常雅致的木頭桌子上。洗手間裡收拾得很整齊，可以說是纖塵不染，這位太太使用過之後，也主動地把洗手台擦拭得乾乾淨淨。

太太回到車上前，對餐廳的老闆說：「化粧室的那些鮮花可真漂亮。」

「這位太太，我在那裡擺鮮花，已經有數十年了。妳絕對想不到那樣小小的一盆花，替我省了多少清潔工作。」老闆得意地說道。

保持一顆潔淨的心靈——

用一點巧心思，就可以使我們所處的環境更美好。人不是環境的創造物，而是可以主宰它的主人。潔淨的環境人人都不想破壞，但如果是一個髒亂的地方，只會變得更加的紊亂。在任何地方，我們若能常保持一顆潔淨的心靈，也能使我們生活的環境更加潔淨和美麗。

09 工友

一所大學頒發殘障人士榮譽博士學位，當時觀禮的有許多位殘障團體的代表。典禮尚未開始時，坐輪椅的李察想上洗手間，誰知廁所的空間不夠大，輪椅無法迴旋，李察生氣地說：「這是什麼學校，連個殘障廁所都沒有，還想頒發殘障人士榮譽學位！」話音未落，只見廁所裡走出來個小老頭，手裡還提著抹布水桶，像是正在打掃的「工友」，只見他連聲道歉：「對不起，對不起，我們一定改進！」

李察暗自嘀咕，這學校的工友還挺和氣的嘛！他沒有料到，典禮一開始，站在臺上的那位鼎鼎大名的校長居然就是剛才的那位「工友」！

很多同學都知道，校長除了喜歡打掃環境外，還經常和他們一起打球、聊天，是一個在學生眼中最沒有架子的校長！

典禮在眾人的掌聲和贊許中取得了成功。

擁有一顆平常心——

保持一顆平常心，能讓你的生活更加精彩。要知道，不論你身在何處，有怎樣的地位，只要你擁有一顆平常心，生活就會快樂充實，事業就會一帆風順。

10 囚犯的心願

某一監獄的牢房中關了數名重刑犯。

有一天夜晚，大夥在一塊聊天，互相說著自己最想送給母親的禮物是什麼。其中一名犯人看著滿天的繁星感歎地說：「我母親如果有像星星這般亮麗的首飾一定會很高興。」

有一個犯人不屑地說道：「我的母親如果有一間寬敞明亮的房子多麼好啊。」

另一個犯人則說：「要是我的母親有一輛車子，就可以常來看我了。」

最後一個犯人聽著大家說的話，望著天空良久未言，然後他流下眼淚說：「如果我的母親有個好兒子就好了。」

大家聽了都沉默無語。

知過能改，善莫大焉——

真正知道悔改的人，知道自己的虧欠，明白自己所犯之過，日後定會重新做人。改正自己的缺點，完善自己的人格，前方仍然是一路鮮花和陽光。

11 最美麗的手

很久以前王宮裡住有三個美女。一天早晨她們在百花盛開的花園裡散步，那裡溪水潺潺，玫瑰飄香。她們都覺得自己的手是世界上最漂亮的手：伊莉的手指曾採摘過鮮美的櫻桃，雪白的手指染有櫻桃的紅潤，她覺得自己的手最美；安妮喜歡玫瑰，終日浸潤在花的香甜裡，因此覺得自己的手最美；姬雅把纖纖嫩手伸向清澈的流水，銀色的水珠在她的柔指上輕彈，她覺得自己的手最美。

這時有個討飯的女乞丐來了，三位女郎看見，連忙提起拖地的長裙，匆匆避開，那女乞丐只好去附近的茅屋，那裡有個臉色焦黃的老婦，她伸出佈滿辛勞的手，把一塊麵包施給了女乞丐。這時，女乞丐突然搖身一變成為天使，她再度在王宮的花園門口出現，宣佈說：「世上最美麗的手，是那雙願意隨時幫助別人的手。」

美麗需要內心的照亮——

肉體的美像是一幅漂亮油畫的畫布，不論它怎樣的漂亮，那都只是一幅美麗的畫布而已，真正重要的是畫的內容，那就是人的內在精神所散發出的光芒。

12 慷慨與感恩

一次，古羅馬眾神決定舉行一次聯歡會，邀請全體美德神參加。真、善、美、誠以及各大小美德神都應邀出席。他們和睦地相處，友好地談論著，玩得很痛快。

但是主神宙斯注意到：有兩位客人互相迴避，不肯接近。

主神向信使神密庫瑞訴說了這個情況，要他去看看這是什麼原因。

信使神便立即將這兩位客人帶到一起，並給他們互相介紹。

「你們兩位以前從未見過面嗎？」信使神問。

「沒有，從來沒有。」一位客人說，「我叫慷慨。」

「久仰，久仰！」另一位客人說，「我叫感恩。」

「慷慨」與「感恩」雖然已經認識，但「感恩」還是經常遠離「慷慨」，偶爾接近「慷慨」也只是短暫的。

人應先學會感恩才能慷慨——

生活中慷慨的行為總是難以得到真誠的感恩。稍有良知的人，應當意識到生活的賜予有多麼豐厚，應當真正地謙遜起來，感激別人所做的貢獻。

如果你要擁有美好的生活，就應具有感恩的心，學會了感恩，才能隨之而慷慨，生活才能更加美好。

13 多活一年的礦工

有一個登山者遇見一位看上去似乎弱不禁風的老人，他正緩緩地在山嶺間前進，這位登山者十分詫異，問道：「你在這裡做什麼？」

老人說：「我是一個礦工，一生幾乎都在礦坑中度過。後來我生了一場大病，在病中，天使來到我的床邊，我問天使：『你來做什麼？』天使說：『帶你回家。』我問：『是要去一個美麗的世界嗎？』天使說：『你離開的是一個美麗的世界。』這時我才想起，我一生所見的不是坑道裡的煤炭就是石頭。所以我告訴天使：可惜我在這世界上並沒有看見什麼。天使說：『恐怕在你要去的世界中，也看不到多少美麗的東西。』於是我懇求上帝讓我再多活一年，現在我正用僅有的一點積蓄和所有的時間，來探索這個可愛的世界，我發現它真的非常奇妙和美麗。」

不要把美麗遺失了——

你是不是因生活所迫或工作的壓力好久沒有休息了？你或許已忘了藍天白雲、燦爛的陽光、夜晚的星空、百花的芳香……造物主所造的一切都是非常美好的，用心去體會和欣賞吧！珍惜生命的真實意義，不要本末倒置。

14 種下鮮花

有一年，高爾基在義大利的一個島上休養，他十歲的兒子十分調皮，把院子裡的土翻得亂七八糟。

高爾基看著那塊地，苦惱地皺了皺眉頭，但是他什麼也沒有說。

第二年春天來了，高爾基不經意間發現兒子翻土的院子裡新長出了一些花苗，過了不久便開了許多鮮花，他這才知道兒子翻土原來是在種花籽，而不是在搞破壞。

於是，他激動地寫了一封信給兒子：「你離開了，可是你栽種的花卻留下來了。要是你不管在什麼時候什麼地方，留給人們的都是美好的東西，那麼你的一生將無比美好。」

留給人們美好的東西——

在你經過的地方種下美好，留給居住在那兒的人們，這樣即使你離去了，他們也將感到你所帶來的溫暖與幸福，而你的人生也必將因此燦爛無比。

15 平等

英國著名戲劇家、諾貝爾文學獎獲得者蕭伯納對「平等」兩個字有著很深的感觸。

一天，他漫步在莫斯科街頭，遇到一位聰明伶俐的小女孩，便與她玩了很長時間。告別時，蕭伯納對小女孩說：「回去告訴妳媽媽，今天跟妳玩的是世界著名的蕭伯納。」

小女孩看了蕭伯納一眼，學著他的口氣說：「回去告訴你媽媽，今天跟你玩的是莫斯科小女孩科妮娜。」蕭伯納一時語塞。

後來，他常回憶起這件事，並感慨萬分地說：「一個人不論有多大成就，對任何人都應該平等對待，要永遠謙虛……這就是莫斯科小女孩給我上的課，我一輩子也忘不了她！」

永遠謙虛——

謙受益，滿招損。在你取得成就的時候，千萬不要有居高臨下的心態。謙虛、友善、平等是一種十分珍貴的美德。

16 乞丐的心靈

教授把錢放在一個乞丐的缽裡時，有個好心人走過來對他說：「此地百分之九十九的乞丐都是假的，你當心他拿你的錢去花天酒地。」

教授說：「只要做了乞丐就沒有假的，因為他伸手要錢的時候，心情就是乞丐了。心情是乞丐的人，即使他四肢完好、孔武有力、家財萬貫，也仍然是個乞丐，便值得同情、值得施捨。

同樣的，一個窮人只要有富有的心境，不管他的處境是多麼艱難，他的肢體是多麼弱小，只要有信心，他就是一個富人了。」

心靈的重要——

欲修其身者，先正其心。心靈是人身中一切品德和行為的主宰，在心靈貧乏者的眼裡，世界也是貧乏的，在心靈富有者的眼裡，世界也是富有的。一個人心靈的豐富程度表現出了他對於世界的理解程度。

17 心中無事

一個吸毒的囚犯，被關在牢獄裡，他的牢房空間非常狹小，住在裡面很是拘束，又不能活動。他的內心充滿著憤慨與不平，倍感委屈和難過，認為住在這麼一間小囚牢裡面，簡直是人間煉獄，每天怨天尤人，不停地歎息著。有一天，小牢房裡面突然飛進一隻蒼蠅，嗡嗡叫個不停，到處亂飛亂撞。他心想：我已經夠煩了，又加上這討厭的傢伙，實在氣死人了，我一定要捉到牠不可！於是，他小心翼翼地捕捉，無奈，蒼蠅比他更機靈，每當快要捉到牠時。牠就輕盈地飛走了。捉了很久，還是無法捉到牠，他這才感歎地說，原來我的小囚房不小啊，居然連一隻蒼蠅都捉不到，可見蠻大的嘛！

此時他才懂得這個道理：心中有事世間小，心中無事一床寬啊。在結束了牢獄生活後，他滿懷信心地投入到繁忙工作中，沒過幾年，他就擁有了自己的工廠。

心胸的寬大——

牢獄雖小，心裡的世界卻是無限寬廣的。心外世界的大小並不重要，重要的是我們自己的內心世界。

18 嶄新的樓房

有一幢陰暗陳舊的樓房，公用的通風窗戶年久失修，玻璃破碎，環境也不整潔。

一天，一個小夥子來到這裡，租下了房子。小夥子整天樂呵呵的，彷彿有用不完的力氣，他先是把門前的樓梯間清掃乾淨，又買來玻璃換在公用通風窗扇上，然後把樓梯間的燈修好，讓進出樓梯間的人都能方便地開啟，不少人感到有些難為情，也從家裡拿出掃把跟著他一起將環境整理起來，只用了一個上午的時間，整幢樓底下的垃圾便被清掃一空。

過了不幾天，小夥子居住的這個樓層從一樓至六樓走廊的燈都漸漸亮了起來，破損的窗扇也都被人自動自發地修好。

人們拎著垃圾袋自動自發地往垃圾箱丟。夜幕降臨的時候，融融的燈光從樓道的通風窗戶裡映照出來，那樣地祥和溫暖。彷彿快樂的情緒容易傳染一樣，這全新的改變以及由此產生的美好與融洽氛圍，慢慢地在整個樓房滲透和蔓延開來。

小夥子怎麼也沒有想到，自己的一點付出，竟然讓整個樓房換了模樣。

讓真情之火熊熊燃燒——

其實，在大多數人的內心深處，還是湧動著對陽光的熱愛，對真善美的渴求和期盼。只要有一點善良的火星，就能讓真情之火熊熊燃燒起來。

PART 6 朋友之情

摯友就似顏色清淡的醇酒，若苦若甜的甘烈味道叫人割捨不下；知己就像苦澀的咖啡加上攪拌後的奶香，純天然的香濃滋味叫人回味無窮。

01 真心朋友

在南非有個叫莫諾莫塔帕的王國，據說那裡的人交朋友比其他地方的人真心實意得多。其中就有兩個這樣真心的朋友，他們有福同享，有難同當。一天夜裡，人們早已進入了夢鄉，一個朋友突然從睡夢中驚醒，一骨碌從床上爬起來，徑直朝另一個朋友家跑去，把他家僕人叫醒。被吵醒的朋友非常驚慌，他穿起衣服，繫好錢袋，全副武裝，對朋友說：「半夜來訪一定是有急事找我，是不是賭錢輸光了？我這裡有錢你拿去。要是和別人吵架，我們一起去理論。我還有把利劍，如果需要你可以把它拿去。」

「不」，來訪的朋友回答說，「感謝你的熱情與關心，我既不要錢也不要武器，我只是在睡夢中看到你有些悲傷，我擔心你出了事，所以連夜飛奔趕了過來。這就是我半夜來訪的原因。」

朋友的定義——

真心的朋友是一份最珍貴的財產，「朋友」一詞應這樣解釋：在幾乎所有人都離你而去時，仍留在你身邊那個幫助你的人。

02 至誠的友情

有兩個人十分要好，彼此不分你我。一日他們走進沙漠，饑渴威脅著他們的生命。上帝為了考驗他倆的友情，就對他們說：「前面的樹上有兩個蘋果，一大一小，誰吃了大的誰就能平安地走出沙漠。」

兩個人聽了，就都執意讓對方吃那個大的，堅持自己吃小的，爭執到最後，誰也沒能說服誰，兩人都迷迷糊糊地睡著了。不知過了多長時間，其中一個突然醒來，卻發現他的朋友早向前走了。於是他急忙走到那棵樹下，發現兩個蘋果中只剩下了一個，摘下來一看很小很小。他頓時感到朋友欺騙了他，便懷著悲憤與失望的心情向前走去。突然，他發現朋友在前面昏倒了，便毫不猶豫地跑了過去，小心地將朋友輕輕扶起。這時，他驚異地發現：朋友手中緊緊地握著一個蘋果，而那個蘋果比他手中的小許多。

患難見知己——

人，只有在面對死亡、誘惑、困惑時才能真正把自己的精神品德表現得淋漓盡致。而，朋友，也只有在患難時才能知道對方是否真心相交。

03 重修舊好

漢森與舊友之間的感情淡了下來，本來大家來往密切，卻為一樁誤會而心存芥蒂，由於自尊心作祟，他始終沒有打電話給朋友。

常言道：你把舊衣服扔掉，把舊家具丟掉，也就與舊朋友疏遠了。話雖如此，漢森仍覺得這段友誼似乎不應該就此不了了之。

有一天，漢森去看另一個老朋友，他是一個牧師，長期為人解決疑難問題。他們坐在他那間有上千本藏書的書房裡，海闊天空地從電腦談到貝多芬飽受折磨的一生。最後，他們談到友誼，談到今天的友誼是多麼脆弱。

「人與人之間的關係非常奧妙，」牧師朋友說，兩眼凝視窗外蔥蘢的山嶺，「有些歷久不衰，有些緣盡而散。」

牧師朋友又指著臨近的農場慢慢說道：「那裡本來是個大穀倉，就在那座紅色木框的房子旁邊，是一座原本相當大的建築物的地基。

「那座建築物本來很堅固，大概是一八七〇年建造的。但是像這一帶的其他地方一樣，人們都去了中西部開發較肥沃的土地，這裡就荒蕪了。沒有人定期整理穀倉。

屋頂要修補，也沒有人修，於是雨水沿著屋檐而下，滴進柱和樑內。

「有一天刮大風，整座穀倉都被吹得顫動。一開始時嘎嘎作響，像艘舊帆船的船骨似的，然後是一陣爆裂的聲音。最後是一聲震天的轟隆巨響，剎那間，它變成了一堆廢墟。

「風暴過後，我走下去一看，那些美麗的舊橡木仍然非常結實。我問那裡的主人是怎麼一回事。主人說大概是雨水滲進連接榫頭的木釘孔裡，木釘腐爛了，就無法把巨梁連起來。」

漢森凝視山下，穀倉只剩下原是地窖的洞和圍著它的紫丁香花叢。

牧師朋友接著說：「後來細細地思考這件事，終於悟出了一個道理：不論你多麼堅強，多有成就，仍然要靠你和別人的關係，才能夠保持你的重要性。

「你擁有健全的生命，既能為別人服務，又能發揮你的潛力，無論你有多大力量，都要靠與別人互相扶持，才能持久，自行其道只會垮下來。」

「友情是需要照顧的，」牧師朋友又說，「像穀倉的頂一樣。想寫而沒有寫的信，想說而沒有說的感謝，沒有和解的爭執，這些都像是滲進木釘裡的雨水，削弱了木梁之間的聯繫。」

牧師朋友搖搖頭不無深情地說：「這座本來是好好的穀倉，只需花很少功夫就能修好。而現在也許永不會重建了。」

黃昏的時候，漢森準備告辭。

「你不想借用我的電話嗎？」牧師朋友問。

「當然，」漢森說，「我正想開口。」

漢森撥通了舊友的電話。

友情需要放下面子——

友情是需要相互理解，相互照顧的，想寫而沒有寫的信，想說而沒有說的感謝，沒有和解的爭執，這些都是友情的致命傷。

不論你多麼堅強，多麼有成就，都需要他人的理解和支援，所以用心去經營你的友情吧。

04 至真之情

從前，有兩個年輕的商人，一個住在埃及，另一個住在巴比倫。他們從來就沒有見過面，但是，卻從旅行者的口中聽說過彼此，也曾透過信使互送禮品。

一次，巴比倫的商人跟著一支商隊去了埃及。當埃及的商人聽說他的朋友到來的消息，急急忙忙地出來迎接。他熱烈地擁抱著自己的朋友，並把他帶回了家。

住到第八天，巴比倫商人生病了。他的朋友非常焦慮，請了埃及最著名的醫生來診治。他們仔仔細細地檢查了病人，卻沒有發現任何病狀。於是，他們猜測他大概是得了相思病。

「告訴我，你愛的是誰？」埃及商人問道。

「把你家中所有的女子都叫過來，我會告訴你哪個是我愛慕的人。」

埃及商人叫來了家中所有的女傭，但病人卻說，「不，她不在裡面。」

然後，埃及商人帶來了一個年輕女子。她是埃及商人養大的一個孤兒，埃及商人準備和她結婚，因為他還沒有妻子。

當病人見到她時，他驚叫到，「看呀！就是這位女子，我的生死就握在她的手中。」

當埃及商人聽到這些，他對自己的朋友說，「把她帶走吧，她也許能成為你的好妻子。」他還給了新娘一份豐厚的嫁妝和許多禮物。

巴比倫商人的病很快就康復了，他帶著新娘回到了巴比倫。

幾年之後，因為命運的捉弄，埃及商人失去了所有的財產，變得一貧如洗。絕望之中，他想起了自己的朋友，他對自己說，「我要去巴比倫找我的朋友，他一定會幫助我的。」

經過了漫長的跋涉，埃及商人終於來到了巴比倫。

他衣衫襤褸，靴子也破破爛爛，雙腳又酸又痛。一想到他的朋友可能認不出他來，而傭人們也許會把他當成一個可憐的乞丐趕走，他就不禁害怕得發抖。

在市郊一座廢棄的破房子裡，他度過了第一個夜晚。他往街上望去，看見兩個人在爭吵，其中一個拔出刀子把另一個刺死後逃跑了。

附近很快聚起了一大群人，並開始追趕兇手。當他們追到破房子裡時，發現了埃及商人。

「你知道是誰殺死了那個人嗎？」他們問他。

現在，埃及商人對生活絕望了，相比之下，死亡倒好像更為甜蜜一些。於是，他叫道：「我就是兇手。」

他們帶走了他，把他囚禁在地牢裡。第二天早晨，法官判了他絞刑。

城裡所有的居民都來圍觀。就在他們當中，他的朋友，那個巴比倫商人認出了他。「你們要吊死的是一個無辜的人！」他向法官喊道，「他不是兇手，我才是！」於是，法官命令放了陌生的異鄉人，而把巴比倫商人吊上了絞架。在圍觀的人群中站著真正的兇手。

這對朋友的真情深深打動了他。他想，「如果讓一個無辜的人為了我所犯的罪行而死，我一定會在地獄中受到可怕的懲罰。」

於是，他也對法官喊道，「放了他。他和他的朋友都不是兇手。」

朋友是在你危難時站出來的那一個——

有人說，如果在你危難之時不落井下石的人就已經很夠朋友了，但事實上這是對朋友一詞的歪曲和誤解，真正的朋友應該是在你危難時挺身而出，與你並肩作戰的人。

05 金錢和朋友

一個富人有十個兒子。當他快要死去時，他鄭重地向他們宣告，他有一千個金幣，他會分給他們每人一百個金幣。

然而，隨著時間推移，他失去了一部分錢，只留下九百五十個金幣了。他給了上面的九個兒子每人一百個金幣，對最小的兒子說：

「我只有五十個金幣了。其中，我還得拿出三十個來作為葬費。因此我只能給你二十個金幣。但是我有十個朋友，我把他們告訴給你，他們要勝過一千個金幣。」

富人把最小的兒子託給了他的朋友們。

不久以後，富人就死了。

富人的九個兒子各自走了，最小的兒子慢慢地花著父親留給他的那些錢。當他只剩最後一個金幣時，他決定用它來招待父親的十個朋友。

他和他們一塊兒吃了喝了，父親的朋友們互相說道：「所有弟兄中，他是唯一仍然關心我們的一個，他這麼好心好意，我們也應該有所報答。」

於是，他們每個人給了富人的小兒子一頭懷孕的母牛和一些錢。小兒子用這些牛和錢辦起了養牛廠，牛奶廠，後來又辦起了錢莊。上天賜福，他變得比他的父親當年更富有。

於是小兒子說：「確實，我父親說得對，朋友比世界上所有的錢都更有價值。」

真正的朋友總會在你需要時及時地伸出雙手——

朋友使一個人在困難時，不會感到無助。金錢只能使人過上一時的幸福生活，卻很難買到真正的朋友。

06 誤解

朋友邀請多斯參加他的銀婚紀念慶祝會，多斯因為自己行動不方便而推辭了。可是，住在他樓上的娜娜和傑克卻堅持送他去。幾天後，多斯的電腦壞了，娜娜的兒子費利爾替他修好了。多斯十分感激，於是送給他們一盒巧克力，附帶一張感謝卡。娜娜隨即捧著那盒巧克力來到多斯家門前。告訴他說，「請你把巧克力拿回去。」

多斯解釋說我只是想送你們一些東西聊表謝意而已。

「但是你根本就不用謝我們，」她說，「我們是朋友啊！」雖然多斯說服了她把巧克力收下，但娜娜顯然不大高興。多斯有點不明白，也有點傷心，為什麼他們不大方地接受自己的禮物呢？

後來多斯才漸漸明白：娜娜以為多斯送禮物是為了還人情債，把她一家人義助朋友的行為貶低了。但是多斯呢？他倒只是想回贈他們一些東西而已。

樂於接受——

誰都有年邁的時候，年輕時多做些善事，多幫助些需要幫助的人，當自己年老多病時，自然就會得到他人的回報與照料。

07 勇於信人

紐約州西米監獄前監獄長的太太凱瑟琳，差不多每天都到監獄裡去。犯人活動的時候，她的孩子也和他們一起玩。人家叫她提防，但她說她並不擔心。

她去世的時候，消息立即傳遍了監獄，因為她對犯人的這種信任，犯人都聚集在大門口表示哀悼。現任的監獄長看見那些犯人默默不語難過的樣子，便把獄門打開讓他們去憑弔。

從早到晚，這些人排隊到停放遺體的地方去行禮。他們的周圍並無牆壁，但是，犯人沒有一個辜負獄方的好意，他們都回到了監獄裡。這是犯人對這位太太表示的敬愛，因為她在世時曾經信任他們。

人與人相處得融洽，全靠信任。

信任是基礎——

信任是人與人之間交流和溝通的基礎。美國哲學家和詩人愛默生說：「你信任人，人才對你忠實。以偉人的風度待人，人才表現出偉人的風度。」

08 失去

一位輕率魯莽的年輕人繼承了一大筆遺產，但在幾個酒肉朋友的慫恿下，今日請客，明日送禮，不久便把遺產揮霍一空，變成了一個一文不名的窮光蛋。而最使他不堪忍受的是，當他有求於那些朋友們的時候，他們紛紛悄然離去。

年輕人去請教一位智者：「我為朋友花光了所有的錢，也失去了所有的朋友，往後的日子我該怎麼過活啊？」

智者說：「不必憂愁，事情總會好起來的，忍耐，幸福就會回到你的身邊。」

青年興奮地說：「你是說我會重新發財嗎？」

智者說：「不，不，不是這個意思，我是說你會習慣這種沒錢沒朋友的生活。」

不能用物質去維持一段感情——

花錢買來的友情是最不真實、最不可靠的。

09 夕陽下的玫瑰

敏敏初來北方這個炎熱的城市，從小習慣了清爽的氣候的她，對這種酷熱表現出了極大的煩躁。那些最初對這個城市抱有的嚮往與所有的神祕，在炎炎烈日中幾乎消失殆盡。

於是，敏敏便常想起自己居住的小城，那美麗的浪花，那柔軟的沙灘，還有公園裡盛開著的火紅的玫瑰。

不知從哪天起，敏敏迷上了離家不遠的一座公園。公園門外有許多賣鮮花的，以玫瑰居多，裝飾得極其美麗可人，整整齊齊地分排在公園的兩側，輕風一吹，陣陣芳香撲面而來，思家思鄉的心情也彷彿飄走了大半，尤其是夕陽西下的玫瑰，嬌嫩、嫵媚，像一位位多情而含羞的少女，正等待著一次美麗的赴約。

敏敏每天都是帶著說不清的心情，一個人在公園的門前閒逛，那些賣花的人給這裡增加了一道美麗的風景。

「小姐，買花嗎？」

一聲不太標準且帶著稚氣的聲音，很甜，如一條山中的清泉緩緩而來。那是一個

七、八歲的小女孩，一雙眼睛帶著某種渴望地看著敏敏，那簡單而樸素的裝束中，還帶著一點土氣，但絕不討厭，有一種令人回味的美。

「這花多好看啊，買一束送給男友吧！」

女孩再次對敏敏說。

敏敏對她無奈而又抱歉地笑了笑。鮮花固然美麗，可是在這個遠離家鄉自己還不太熟悉的都市裡，又能送給誰呢？

這樣一束美麗的鮮花，敏敏實在不願獨自一人享受。

「小姐，送給妳，祝妳快樂！」出乎意料的，小女孩竟然捧起一束玫瑰遞給了敏敏，那眼光中滿是真誠、理解、希望……

敏敏片刻不能語，幾乎是顫抖著手接過花來，用力地放在鼻前吮吸著芳香，有生以來，這是第一次接到一個素不相識的女孩送給自己的花，而且是這麼美麗的玫瑰。

敏敏和小女孩有了一次簡單的談話，原來小女孩的家鄉遭了水災，所以她才來到了這個城市的。她說她渴望一種安寧的生活，說到這些時，小女孩的神情變得憂鬱起來。敏敏試圖付給小女孩錢，但她卻說什麼都不肯收，她說只希望這些花兒能帶給敏敏一些幸福和快樂的感覺。

那是敏敏記憶中最美的一束玫瑰，它一直在敏敏的記憶深處放射著光輝與芳香。

讓你的鮮花帶給你身邊的人們快樂——

像小女孩一樣能送給一個陌生人一束玫瑰花的人，是真真實實存在於我們日常生活中的！雖然這只是一個動作和一束簡單的鮮花，可是大家都明白，這情義絕不僅僅是一束花所能代表的。

不要吝嗇於你的愛和給予，讓你的鮮花也帶給你身邊的人們快樂吧，相信你也可以從他們的微笑與快樂中得到更多的快樂與滿足。

10 對陌生人的關愛

一個農民住在一個小茅屋裡。一天晚上，差不多是午夜，雨下得很大，農民與他的太太都已睡下了。突然間，有人在敲門。

農民對他太太說：「有不知名的朋友在外面等，請把門打開。」

他太太說：「親愛的，我們的茅屋很小，甚至不夠我們倆用，怎麼還能多一個人進來呢？」

農民回答：「如果在妳心裡有足夠的空間，就會覺得這個茅屋是座皇宮，但是如果妳的心是狹窄的，即使是皇宮也會覺得小。現在，我們兩個人都躺著，如果有三個人，我們無法躺下，但至少三個人可以坐著。」

感念陌生人——

世界之所以會美好，那是因為總有一些人用他最善良的心去面對他的朋友、情人及陌生人，這份愛會因為感動而傳遞下去，使更多的人因善意而變得善良。

11 一壺水

五個探險隊員在叢林裏迷了路。

他們只有一壺水。

每個人都疲憊不堪，困乏和饑餓他們都不怕，關鍵是沒有水喝。再也走不動了。休息時，隊長把水壺往下一遞，說：「每人一小口。」一圈轉完，水壺仍滿滿的。隊長說：「怎麼沒人喝？」大家眾口應道：「喝了。」

第二天，隊長仍把水壺往下一遞，沒說話。一圈轉完，水壺還是滿滿的。隊長說：「大家喝啊！」

隊員們舔舔乾裂的嘴唇，仍然齊聲應道：「喝了。」

第三天，隊長拔出塞子把水壺就口一飲，又遞了下去。一圈轉完，水壺仍是滿滿的。隊長說：「大家怎麼都沒喝咧？」大家嚥了一口唾沫，齊聲說：「真的喝了。」

第四天，隊長拔出塞子，「咕咚」了一聲把水壺往下一遞，說：「你們都原地別動，我去探探路。」隊長一搖一晃地抓著樹幹向外走。

晚上回來水壺仍然是滿的。隊長下命令：「每人一口，都得喝！」隊員們靠在樹幹上，聲音空洞地說：「我們還能再忍耐一下。」

第五天，隊長又出去了，卻再沒有回來……

第十天，救援部隊發現了奄奄一息的隊員，他們眼眶深陷，嘴唇焦裂，昏迷不醒……顯然是重度脫水。奇怪的是他們中間卻放著滿滿的一壺水。

後來，救援部隊又發現了一具更嚇人的屍體，皮膚烏黑，身體已縮成一團，裹著寬大的衣服……醒來的隊員們撲在他身上放聲痛哭……

若干年後，一個年輕的醫生聽到這個傳奇故事，他對自己的指導老師說：「這一定是個誇大的教育人的故事，因為這種事是根本不可能的。從科學分析來看：人體只要缺水，一、兩天就會出現水電解質紊亂；缺水三、四天就出現內臟功能衰竭，絕對不可能支撐十天而不死！」

「不！」老醫生肯定地說，「那只是理論上的科學，還有現實中的科學。人體內本來就有著未被開發的潛能，當人把生死置之度外，心理上沒有負荷而生理上又本能地維護生命的存在時，這種潛能就被激發出來，把人體中相對不重要的地方的養分、水分供應到最重要的臟器中，使生命得以最大限度的維持。」

「事實上，他們寧願吃樹葉，也都不願喝那壺水，都想把生命的希望留給別人。」老醫生沉重地說。

「您怎麼知道？」年輕醫生正要問，忽然他驚異地發現老醫生的眼裏閃動著淚花……

又過了幾年，老醫生走了。在追悼會上，年輕醫生才知道老醫生就是那次奇蹟的創造者之一。每年清明節，年輕醫生都會帶著孩子去看望那位老醫生。他的孩子也和他一樣愛惜每一粒糧食，每一滴水。

生命最後時刻，將希望留給別人——

把希望留給別人，把生存的機會留給別人，有時，也是給了自己一個生存下去的機會。人的潛能是巨大的，充分發揮出你的潛能，創造出你的輝煌事業。

看好未來的你

不要自己嚇自己

PART 7

愛的領悟

愛情就像是一輛高票價旅行車，雖然要付出昂貴的代價，但終是有來有往，有去有回；而友情則像是兩輛行駛的車，可以選擇任何一輛，任何一種方向，無論走得有多遠，終歸你是你的，我是我的。

用心，愛就會緊握在你手中，每天你都能感受到新的領悟。

01 點燃心靈之火

祖父母兩人畢生精心經營著一個農場，祖父常說，工作是生活的核心，他們養了奶牛、雞、豬，還種植各種蔬菜，自給自足，樂在其中。即使在經濟大蕭條的那段歲月裡，他們也未受太多的影響，而那段歲月裡的確有許多人失掉工作，流離失所，有的甚至漂泊到這個遠離城市的農場來。

祖父記得，第一個來到他們農場的是個衣衫襤褸但舉止文雅的人。他摘掉帽子向祖父行了禮，然後解釋說自己已經兩、三天沒有進食了，希望能找點活兒做。祖父打量了他一下，回答道：「後院圍牆邊有堆木柴，我想請人把它們搬到院子的另一邊。你在午餐前會有足夠的時間搬完它們的。」說著，他伸出結硬繭的大手緊緊握了一下那男子的手。

祖母回憶說當時那人眼睛豁然一亮，然後就匆忙跑到後院開始工作，她則在餐桌前添了一張凳子，又特意烤了一張蘋果餅。午餐時，那陌生人極少說話，但當他離開時，他的腰板卻直了許多。

「沒有什麼比失去自尊對一個人的打擊更大了。」祖父後來解釋說。

那人走了幾天後，另一個人來到農場請祖父給點食物吃。這人穿了套西服，還隨身帶了一只有些破舊的手提箱。當時祖父正在割草，他擦了擦手，也對那人道：「我後院牆邊有一堆木柴，希望你能幫我把它們搬到院子的另一邊，然後我們全家將高興能與你共進午餐。」那人立即脫下西服，投入工作……

祖母說她已不記得那時曾有多少陌生人去過他們的農場，並且與他們一同用餐，更不記得後院中的那堆柴火被搬來搬去多少次，但她與祖父都曉得，在那段日子裡，那堆乾柴，點燃多少人們心靈的希望之火。

尊重別人比施捨更有意義——

勞動更深的意義是：賦予物質報酬的同時，也給予你對自我的肯定與尊重。

02 愛的連鎖反應

有一間精神病院，在地下室關著一個被醫生宣告無救的精神病人，名叫安妮。但是有一位老護士卻認為上帝造就每個生命都是有意義的，因此，她常常帶著蛋糕和甜點去探訪小安妮，向小女孩表達愛與關懷。

不久，醫生發現小安妮逐漸在改變。一段時日後，這個被醫生認為絕望的病人居然康復了！但病癒後的小安妮不想離開醫院，她希望留在那裡幫助其他病人。

許多年後，一個名叫海倫・凱勒的女孩被送進了這間精神病院，和當初的安妮一樣，她也被醫生宣告為無法醫治了，但在以後很長的時間裡，安妮像當初關心她的老護士一樣細心地照顧著海倫。

數年以後，當維多利亞女皇把英國最高的榮譽勳章別在海倫・凱勒身上時，女皇問道：「妳又聾又瞎，何以能有如此大的成就？」海倫・凱勒毫不遲疑地說：「如果不是安妮，絕對沒有人會知道海倫・凱勒這個名字。」

唯有愛能使不可能變成可能——

愛是世界上最神奇的禮物，當你願意真誠而友善地付出一份愛心時，你會驚訝於它所帶來的巨大回報。

03 帶油老人

有一位老人，無論走到什麼地方，身邊總帶著一小瓶油。

如果他走過一扇門，發現門上發出軋軋的響聲來，他就倒一些油在鉸鏈上。

如果遇到一扇難開的門，他就會多塗一些油在門閂上。

他就是經常默默地做這種加油的工作，許多人因他的舉動得到很大的方便，也減少了許多令人不舒服的噪音。

善良是付諸行動的愛——

你能否如同這個帶油的老人一樣，將恩典與美善帶給周圍的人，使別人從你的身上得著益處？試著為周圍的人做一些善事，哪怕只是微不足道的一件小事。

04 帽子

蘇珊是個可愛的小女孩，當她念一年級的時候，醫生發現她那小小的身體裡面竟長了一個腫瘤，必須住院接受三個月的化學治療。

出院後，她顯得更瘦小了，神情也不如往常那樣活潑了。更可怕的是，原先她那一頭美麗的金髮，現在差不多都快掉光了。

雖然她那蓬勃的生命力和渴望生活的信念足以與癌症、死神一爭高低，她的聰明和好學也足以補上被拉下的功課，然而，每天頂著一顆光禿禿的腦袋到學校去上課，對於她這樣一個六、七歲的小女孩來說，無疑是件非常殘酷的事情。

老師非常理解小蘇珊的痛苦。

在蘇珊返校上課前，她鄭重地在班上宣佈：「從下星期一開始，我們要學習認識各種各樣的帽子。所有同學都要戴著自己最喜歡的帽子到學校來，越新奇越好！」

星期一到了，離開學校三個月的蘇珊第一次回到她所熟悉的教室，但是，她卻站在教室門口遲遲沒有進來，她擔心，她猶豫，因為她戴了一頂帽子。

可是，使她感到意外的是，她的每一個同學都戴著帽子，和他們那五花八門的帽子比起來，她的帽子顯得普普通通，幾乎沒有引起任何人的注意。

一下子，她覺得自己和別人沒有什麼兩樣了，沒有什麼東西可以妨礙她與夥伴們自如地見面了。她輕鬆地笑了，笑得那樣甜，笑得那樣美。

日子就這樣一天天過去了。現在，蘇珊常常忘了自己還戴著一頂帽子，而同學們呢？似乎也忘了。

善良是稀有的珍珠——

做一件小小的善事遠比做一件大事要來得容易。

05 值得

有一年的冬天，威利繼承了一個牧場。有一天，他養的一頭牛，因衝破附近農家的籬笆去齧食嫩玉米而被農夫殺死了。按照牧場規矩，農夫應該通知牛的主人，說明原因，但農夫沒這樣做。

他發現了這件事，非常生氣，便叫一名工人陪他騎馬去和農夫論理。他們半路上遇到寒流，人和馬身上都掛滿冰霜，兩人差點凍僵在路上。抵達木屋的時候，農夫不在家。農夫的妻子熱情地邀請兩位客人進去烤火，等她丈夫回來。威利烤火的時候，看見那農夫的妻子消瘦憔悴，也發覺五個躲在桌椅後面對他窺探的孩子瘦得像猴子似的。

農夫回來了，妻子告訴他威利和工人是冒著狂風嚴寒來的。威利剛要開口跟農夫論理，忽然決定不說了。

他伸出了手，農夫不曉得威利的來意，便和他握手，留他們吃晚飯。「二位，我現在只能請你們吃些豆子了，」他抱歉地說，「因為剛剛正要宰牛時，忽然起了風雨，只好明日再殺。」

在吃飯的時候，工人一直等待威利開口談論殺牛的事，但是威利卻只跟這家人說說笑笑，看著孩子一聽說從明天起幾個星期都有牛肉吃，便高興得眼睛發亮。

飯後，風仍在狂刮，主人夫婦一定要兩位客人住下，兩人於是又在那裡過夜。

第二天早上，兩人喝了黑咖啡，吃了熱豆子和麵包，肚子飽飽的上路了。

威利對此行來意依然閉口不提。

工人問他：「我還以為你為了那頭牛要大興問罪呢。」

威利半晌不作聲，然後回答：「我本來有這個念頭，但是我後來又盤算了一下。你知道嗎，我實際上並未白白失掉一頭牛，我換到了一點人情味。世界上的牛何止千萬，人情味卻很少見的。」

多一點人情味——

人活在世上，有遠比金錢、物質和榮耀更重要的東西，那就是人與人之間的情義。沒有人情味的世間將是一片黯淡，任何事物都好像沒有了生命。而這人情味的換得，並不需要你付出很多，往往只需要你小小的讓一步，用一顆體諒包容的心去關愛身邊的人。

06 感念陌生人

在托爾斯泰晚年的著作《生活之路》中寫過一個旅店主人的故事：

從前有一個好心人，希望盡可能多地為人們多做一些善事，為此他常常琢磨要怎麼做才能不使任何人受委屈，讓每一個人都受益。

後來這個好心人想出了一個主意，在人來人往的地方建了一座旅店，旅店裡設置了所有能讓人們感到舒適和高興的設施。

這個好心人在旅店裡打造暖和的客房、上好的壁爐、準備木柴、燈等，庫房裡裝滿了各種糧食，地窖裡儲藏著蔬菜，還備有各種水果、飲料、被褥、各式各樣的服裝、靴子。

好心人做好這一切之後就離開了，於是陸續有些人來借住，吃點東西，喝點水，住上一夜，要不就待上一、兩天，或者幾個星期。誰有需要皆可任意拿那些衣服、靴子穿著。離開前將東西收拾好，保持來之前的樣子，以便別的旅客接著用即可，走的時候大家心裡很感激那個不知名的好心人。

人生中還有很多這種與陌生人的際遇。

一個瞎子在路上走，另外一個人過來把他引領他走在正確的道路上。可是瞎子卻不知道給他指路的人是誰。

一個人正在酣睡，忽然一條毒蛇昂著頭向他爬了過來，另一個人趕過來一刀把毒蛇殺死，可是酣睡者卻依然在夢中。

當半夜時分，生病的旅行者發出沉重呻吟的時候，有一個人一直服侍他到天明。清晨，旅行者醒了。可是他一直沒有認清那位幫助他的人是誰。

一個人走在路上，把水果送給孩子們，在沙漠中把水送給了一位渴得要死的人，把自己的乾糧平分給饑餓者。可是，誰也不與他相識。

只有遍地是愛才能人人都享受愛——

人與人之間的愛與信任應該像火炬一樣一手一手地傳下去。

07 相信陌生人

海格因為有事想約朋友出來，恰巧手機的電池沒電了，只能到處找公用電話。

他記得不遠處的街口有個投幣電話，便快步奔去，只見一位中年婦女正拿著話筒通話，口氣又快又急，額頭冒著汗珠，邊說話邊投幣。

當海格趕到時，這位婦女重重地掛上電話對海格說：「別打了，這電話機壞了！」海格根本不相信，因為他明明看到她在通話，還說什麼「電話機壞了」！

海拿起話筒就撥朋友的手機號碼，電話通了，對方卻說：「打錯了，這裡沒有這個人。」

他趕忙改撥朋友家的電話：「什麼呀，我們這裡是醫院。」這下可把海格搞糊塗了，他又重新撥朋友的手機號碼，依舊說是打錯了。

經過五、六個來回的折騰，海肯定這電話機有幾個號碼錯位了，於是他索性來個將錯就錯，故意將開頭的五錯撥為六，想不到竟然通了。但剛與朋友講了兩句話，話音就斷了，他只能重新投幣，然而通話越快，投幣也越快，等到通話結束，他累計投幣已十二次，比叫計程車的代價還貴。

海格氣呼呼地掛上電話，身後馬上奔過來一位身穿紅衣服的小姐要打電話，他趕忙搖搖手說：「小姐，別打了，這電話機壞了！」說完便轉頭要走。

只見這位小姐嘿嘿一聲冷笑：「神經病，剛才明明才看到你在通話，還說電話機壞了，我才不會上當呢！」海格脹紅了臉，不知如何回答才好。

信任——

信任對於人來說是一件很重要的德行，一旦有了信任，就可以在辦事時達到事半功倍的效果。相反，如果不那麼信任，事情將會或多或少地受到阻礙。雖然我們不應該事事都信人，但有時，我們應該適時的信任他人，這樣對我們辦事、交友都能有益處。

08 一路平安

那是一個春天裡的好天氣，可是楠楓卻絕望到了極點，一個人縮在北行的列車裡，窗外無邊的風景也無心欣賞。

車過一個縣城時，上來一個青年。手裡卷著本書，指著對面的空位問楠楓：「請問這個位置有人坐嗎？」

楠楓戒備地看了他一眼，車裡很空，他也似乎來回地走過，而自己畢竟是一個獨行的女孩……越想越怕，倒是他樸素的裝束多少解除了一點楠楓的擔心。

楠楓勉強地點了一下頭，依舊整理她的東西。

旅行包的拉鏈壞了，她只好把一些東西倒到另外一個包裡。

不小心，一包貝殼從小袋裡滑下來，散了一地。青年急忙俯下身去，替楠楓一一拾起。明澈的目光閃著興奮，很有把握地問：「從中部來的，是嗎？」

楠楓點了一下頭。

「是來看海，還是看朋友，還是都有？」

「算是第一種吧。」

「跑這麼遠，只為了看海！」

青年對楠楓的謊言倒是頗為欣賞：「沒有讀過高中的女孩就顯得沒有個性。」頓了頓又說：「妳一定是個大學生，而且比我小。」

「可是我已經在工作了，而且年紀也一定比你大。不過我看出你一定是個學生。」楠也學著他的口吻說。

待楠楓報出年齡後，他單純地笑了，很友善，很坦蕩，讓楠楓不禁想起了童年的小夥伴。他仍然固執地說：「如果讓別人來評判，一定都會說是我大，也許是因為我長得蒼老的緣故。」

楠楓被他逗樂了。許多天來，楠楓幾乎忘記了自己也還會笑。

他很幽默，也很健談，他告訴楠楓再過兩個月就畢業了，是學市場行銷的，想從銷售做起，而且要不斷地向更高目標奮進，看著他躊躇滿志和飛揚的神彩，楠楓憶起了自己剛畢業時的一些情形，但她卻不忍心向他潑冷水。

不知什麼時候，廣播裡傳出了那首讓人蕩氣回腸的《滾滾紅塵》。

「很喜歡三毛，是嗎？」

楠點了點頭，告訴他《滾滾紅塵》是三毛演繹的另一位天才女作家張愛玲的愛恨情仇。

他聽得很專注，末了問楠楓：「妳一定也戀愛過。」

楠楓不置可否地笑了笑，一絲淒然的感覺悄悄地掠過心隅。

他說他還沒有真正地戀愛過，但他很嚮往那些天荒地老的故事。

下車後他才告訴楠楓，他一上車就發現她很憂鬱，思忖再三才決定坐她的對面，想陪她說說話，想讓她快樂……

楠楓頓覺心如潮湧，面對茫茫的塵世，有什麼能比美好靈魂的對視與交流更讓人心動。

握別時，他鄭重地向楠楓道了聲：「一路平安。」楠楓目送了他很久。

三年過去了。楠楓常常想起那句平安祝福和那位萍水相逢的青年。一句平安祝福也許無力於生活的風浪，但心中多珍藏一份關愛，就多了一份面對生活的勇氣。

給陌生人以快樂——

在忙忙碌碌的生活中，你總會一個接一個地認識新的朋友。在交往中有的朋友失去了聯繫，有的朋友關係更加親密，有的則會成為仇人。而旅行、工作途中認識的一面之交的朋友，有時卻能使你銘刻在心，不願忘懷，而這就是生活的魅力。

09 利息

在一次階段測驗中，一個男生的國文考了五十九分。他找到老師說：「老師，您就再給我的作文加一分吧，就一分。求您了！」

老師說：「作文絕對不給加分；但是，可以給你把總分改成六十分，先借給你一分。不過你可要想好啊，這一分不能白借，是要還利息的，借一還十，下次考試要扣掉你十分，怎麼樣？要是覺得不划算就不要借了。」

男生咬了咬牙說：「我借。」結果，在下一次測驗中，他國文考了九十一分，扣掉十分，還有八十一分。

愛是一桿秤——

在每個學生心中都會有一桿秤，老師的份量不見得就是職稱、名氣、發表的論文數，而是對學生的用心與理解。

10 喝茶

曾國藩某次去一座寺廟參觀，寺僧看他其貌不揚，以為是一個普通遊客，所以只淡淡地招呼他：「坐」，「茶」。

第二次他再去寺廟時，穿著較為華麗整齊，寺僧才稍稍禮待他，吩咐小和尚：「請坐」，「泡茶」。

第三次他再去時，大家都知道他就是有名的兩江總督，所以寺僧非常恭敬地迎接他，並且再三地招呼他：「請上坐」，「泡好茶」。

寺僧把握這難得的機會，捧出文房四寶，請他題字留念，曾國藩提筆就寫：

「坐，請坐，請上坐。」

「茶，泡茶，泡好茶。」

看得寺僧無地自容。

一視同仁——

生活對你也許並不公平，它讓一些人擁有財富，一些人擁有權利，而賜予你的卻可能很少，但，無論如何，你都應該做到：對少數人推心置腹，對眾人要一視同仁，對任何人都不應虧負。只有這樣，你才能生活得更加快樂和開心，才能有機會獲得更多的幸福。

11 生命中最棒的時光

再過兩天比利就三十歲了。對於即將到來的這個嶄新的十年，他感到十分不安，他害怕生命中最棒的時光漸漸地離他遠去。

照慣例，上班前比利都會到健身房運動一下，每天早上他都會在那兒看見朋友尼克。他已經七十九歲，但是身材卻棒得很。

在那特別的一天，當比利向他打招呼時，他注意到比利不像往常那麼富有活力，便問他發生了什麼事。比利告訴他自己對即將到來的三十歲大關感到焦慮。他懷疑當自己活到像尼克一樣的年齡時，會怎樣回頭看自己的人生，所以就問他：「尼克，你生命中最棒的時光是什麼時候？」

尼克毫不遲疑地回答：「當我在奧地利還是小孩時，所有事情都被照顧得好好的，而且我被雙親呵護養育著，那是我生命中最棒的時光。」

「當我在學校裡學習新的知識時，那是我生命中最棒的時光。」

「當我找到第一份工作而且背負責任，以自己的努力獲得薪酬時，那是我生命中最棒的時光。」

「當我到加拿大組成一個家庭時，那是我生命中最棒的時光。」

「第二次世界大戰爆發，妻子和我必須逃離奧地利以求活命。當我們進入北美的船舶領域，而且我們安全地在一起時，那是我生命中最棒的時光。」

「我還是個年輕的父親時，看著孩子們的成長，那是我生命中最棒的時光。」

「現在，我已七十九歲了。我擁有健康，感覺很好，而且與妻子就像當初相遇時那樣地相戀。這就是我生命中最棒的時光。」

生命中最棒的時光——

不同的人對於生命的要求和定義是不同的，因而不同的人對於生命中最棒的時光的定義也是大不相同的，不過，有一點是肯定的，只有一個懂得珍惜時光，愛惜親人的人才會擁有更多的美好時光。

12 請為我拉上一曲

院外，那如泣如訴的哀婉動人的曲調，好像在表白著他的內心世界，也吸引著女孩為它歡喜為它感動。

老人很少說話，彷彿二胡就是他全部的生命。

院子裡，一個清瘦的女孩望著窗外的落日發呆。她多想看看外面的世界到底又發生了多大的變化，哪怕能讓她走出小屋，帶回一縷溫暖的陽光也行。可是父母不讓她去，說她照顧不了自己，因為她與別的女孩不同。於是她就只有在小屋裡編織很多很多的夢。其中最甜美最讓她激動的夢就是拄著拐杖，背著一個好大好大的行囊，驕傲自豪地走遍天涯海角，永遠不再想起這窒息的小閣樓。

自從高考落榜後，她就把自己一直關在小樓上，像隻不能見到陽光的地鼠，自卑得連一點點聲響也承受不起。

太陽慢慢下山了，女孩的眼睛開始黯淡。夜，多麼漫長。女孩把手伸向窗外，想把白天的盡頭拉住，陪伴她煎熬滿心的憂傷。

老人的《春江花月夜》委婉動人的曲調，是唯一能給女孩帶來一點生氣的。

那是一位賣藝老人，無兒無女，獨身一人長年漂泊在外。自學簡譜、指法、弓法，拉起二胡如醉如癡。他從未在正式的舞臺上演出，他說：「隨便坐地就拉，舞臺總是虛的。」

女孩想，老人內心很苦，要不怎麼會把《賽馬》那麼激昂的曲調拉得跟馬失前蹄似的悲淒切切。二胡中自有老人自己的世界吧，每一首曲子他都有自己的詮釋扣理解呢。

每天，女孩把心繫在老人那把老朽的二胡上，似乎在跳動的音符裡能吸到新鮮多氧的空氣。老人總是反反覆覆地拉《江河水》，像在吟誦一首遙遠的詩歌。

老人很少說話，女孩說：「爺爺，你的嘴像是一扇緊閉的窗戶，你跟我說說話吧。」老人深切地看看她，又笑了。

女孩提起筆，把老人的音符寫成一首首小詩。屋子裡，滿地都是配樂的詩稿。女孩要把二胡與老人的故事告訴給所有的人。這是女孩目前最有信心去做的一件事。

詩稿寄出後，女孩盼著，望啊，幾月過去了。她氣餒地想，醜小鴨不會成功的，不會有未來，陽光不會給她厚愛。

天，依然是藍的；街道依然是忙碌的。終於有一天，女孩收到了郵遞員送來的大大的信封，女孩寫的詩歌發表在文學雜誌上，女孩達到了自己的心願。

人生的歌是自己譜寫的——

不同的人生有自己不同的唱法，但是相同是的，不同的人生都是有曲折平緩，有跌宕起伏的。但無論是怎樣的生活，都有它與眾不同和震憾人心的地方，只要你用心欣賞自己，努力去好好生活，你就會發現生活的美好，譜寫出一曲屬於自己的悠揚的人生之歌。

13 最好的結局

美國前總統雷根，在他未成為總統之前，有一次他和家人在一起打牌。那一天，雷根的手氣特別不好，連連出現敗局，於是他一再抱怨，邊摸牌邊搖頭歎氣。

這時，他的母親把手中的牌攤在了桌上，沒有言語，只是緩慢地站了起來。母親注視著她的兒子，雷根莫名其妙地看著母親。這時，只聽母親鄭重地說道：

「孩子，你今天的手氣的確不好，但要記住，不管你拿到的是什麼牌，你一定要珍惜你手中所擁有的，以求最好的結局。」

雷根記住了母親的訓導，並將它作為人生的重要信條之一，憑藉著這一信條和雷根的努力，在多年後他終於創立一份輝煌的事業。

求得最好的結果——

珍惜你手中所擁有的，以求最好的結果。人只要活著，誰也不會一無所有，最起碼，你擁有健康的生命，將你的生命發揮到最佳狀態，成功將指日可待。

14 記載

父親沉默寡言，難得提起他的童年，但是有一天他告訴兒子，他八歲時，他的祖父在樹下的地上指著馬留下的蹄印對他說：「埃爾，你上學讀書，這是件好事。你既然讀書識字，現在告訴我這匹馬的蹄印裡寫的是什麼？」。

「爺爺，蹄印裡沒有字。」

「埃爾，裡面是寫了東西的，你必須懂得。」

「可是我什麼也看不出來。」

「如果你看仔細些，你就可以看出這是一匹灰色母馬的蹄印。蹄鐵上已經掉了三個釘子。假如牠就這樣進城，就會失落蹄鐵並受傷回來。埃爾，你懂嗎？有些記載是不用文字的，一個人必須懂得閱讀這些才行。」

智慧之眼——

人生的智慧法則通常是在我們取得經驗之後得出來的。書本上並不能得到我們需要的所有的東西，從實踐中吸取經驗，能使我們在世上生活得更加快樂。

15 成功的啟蒙

一位父親帶兒子去參觀梵谷故居，在看過那雙裂口的皮鞋之後，兒子問父親：「梵谷不是位百萬富翁嗎？」

父親回答：「在梵谷成名前，他只是個連妻子都沒有娶的窮人。」

第二年，父親帶兒子去丹麥，在安徒生的故居前，兒子又困惑地問：「爸爸，安徒生他就生活在這個閣樓裡？」

父親回答：「安徒生他是位著名的作家，在他成名前是一位貧窮的鞋匠的兒子。」

這位父親是個黑人水手，他每年都往來於大西洋各個港口之間。這位兒子則是美國歷史上第一位獲普利茲獎的黑人記者。

二十年後，在回憶童年時代的這段經歷時，這位名記者說：「那時我們家很窮，父母靠賣苦力為生。有很長一段時間，我一直認為像我們這種出身和地位的黑人，是不可能有什麼出息的。好在我有一位好父親，他讓我認識了梵谷和安徒生，這兩個人的經歷告訴我：上帝沒有這個意思。」

自己創造自己的人生——

命運不是任何人能安排控制的，包括上帝，自己的命運只有自己去把握、去創造，只要我們不懈地努力和堅持，就一定可以實現自己心中的夢想。

看好未來的你

不要自己嚇自己

PART 8

愛的滋味

在忙碌的都市中，人們更習慣穿梭於冷漠之間，友情有時也變得功利，愛情更是盲目，這其中的各種滋味，無論它是甜、是苦，都值得細細品嘗。

01 國王的花園

從前有一個國王，他的國家不僅大而且還很強盛。他得到了一個美若天仙的女子，就收為王妃，兩人相親相愛，琴瑟相和。

然而好景不長，天奪人愛，他的寵妃得了絕症，連全國最好的醫生也束手無策，最終寵妃還是香消玉殞了。

悲痛欲絕的國王為愛妃舉行了盛大的葬禮，用所能找到的最好的木材，讓最好的工匠為愛妃做了棺槨。為了能日日見到愛妃，國王下令把棺槨停放在王宮旁的大殿裡。有一段時間國王天天來此陪伴愛妃，回憶過去的美好時光。

日子久了，國王覺得這靈殿周圍的景色太單調貧乏，不配愛妃的容顏，於是下令在周圍修建花園，從全國各地搜尋奇花異草。

花園建成後，覺得還缺些什麼，就又引恆河水來建了一個美妙的人工湖。湖建成後，又修造亭臺樓閣，後來又請來一流的雕刻師製作精美的雕塑……

國王總不滿意這個園林，一直不斷地擴充和完善。一直到國王暮年，他還在苦苦思索怎樣讓這座絕世園林建得更加完美。

有一天，他的目光落在愛妃的棺槨上，覺得它停在這樣的園子中根本不協調，就揮了揮手說：

「把它搬出去吧！」

不要捨本逐末——

組建家庭是為了能與心愛的人在一起好好地生活，可許多人總是當家庭中的硬體越來越高級時，感情軟體卻愈來愈淡漠，最終不知不覺地忘了自己建立家庭的原因了。

02 吃蘋果的方法

一對小夫妻常為吃蘋果發生口角。

女的怕蘋果皮上沾了農藥有毒，一定要把果皮削掉，而男的則認為果皮有營養，把皮削掉太可惜。常吃蘋果，也就常吵。最後他們竟吵到了他倆的老師家去斷是非。

老師對女的說：「妳先生這麼多年都吃未削皮的蘋果，還好好的並沒有死，妳還擔心什麼呢？」老師又對男的說：「你太太不吃蘋果皮，你嫌她浪費，那你就把她削的蘋果皮拿去吃了，不就沒有事了！」最後老師還說，因為不同的家庭環境以及不同成長過程的影響，每個人的生活習慣會有所不同，因此，不要勉強別人來認同自己的習慣，同時，也要體諒、寬容別人的習慣。

愛的寬容——

凡是和睦幸福的夫妻，一定懂得吃蘋果的方法。體諒、寬容是非常重要的。家務事為什麼難斷？就是因為許多生活小事本就無對錯，需要的只是一點寬容和體諒。

03 愛就在碗裡

筱芬和宗憲是在煤礦上認識的，他是她父親的徒弟。筱芬年輕美麗，宗憲敦實憨厚，剛好她就喜歡憨厚的男生，兩個人沒多久就開始交往，就像人們說的那種「天賜良緣」。

有兩年的時間，宗憲和筱芬「男主外，女主內」，小日子過得還不錯。後來，她心疼他整日在礦井下作業的辛勞，於是便要宗憲去報考煤礦學院，他也很爭氣地考上了。從此，小兩口的生活擔子全壓在筱芬一個人的身上，其中辛苦可想而知，但是她覺得臉上有光，苦一點沒有關係。

最苦的時候，他們倆的飯桌上除了兩個饅頭，只有一碗清淡的菠菜湯，她說：「你喝。」

他說：「妳喝。」讓來讓去，大半碗的菠菜湯還是讓他喝了。

他每次喝完跟她說一句「好喝」，她從不化妝的臉上便有幸福的光芒綻放開來。

筱芬苦苦撐了三年，宗憲如期畢業了，筱芬想很快就要苦盡甘來了。

宗憲是一個很有進取心的男人，先是做了礦上的技術員，接著做礦長，這段日子，他讓她過得很舒適。後來，宗憲很快做了礦業局的局長，應酬多了，身邊的女人也多了，開始回到家裡怎麼看筱芬都覺得不順眼了。

女人是敏感的，筱芬覺察到了，但是她是一個不善於言表的女性。終於有一天，宗憲看上了另外一個女人，回家跟她說：「咱們離婚吧。」

她愣了一下，眼淚湧出了眼眶，但她強忍著沒讓它落下來，因為她知道有一些事要發生攔是攔不住的。

她對他點了一下頭說：「我同意離婚，但是在離婚之前，我想再給你做一碗菠菜湯。」他沒反對。

菠菜湯很快做好端了上來，像從前一樣她和他在飯桌前對坐著，她說「喝吧」。他拿起勺子喝了第一口菠菜湯，很清淡的感覺，他莫名其妙地想起了從前他們相依為命的那些日子。

她說「多喝點」，他已經喝下半碗菠菜湯了，很熟悉的感覺，就像他一直記得她掌心裡的痣在哪裡般熟悉。

她說：「快喝，涼了就不好喝了。」

他碗裡的菠菜湯只剩下一勺了，很難捨的感覺，他忽然覺得她就是自己的菠菜湯，不比山珍海味，但是它含多種維生素，含著當初的艱辛與鼓勵。

當他喝下最後一勺菠菜湯時，眼裡流下了淚水。

她知道，她留住了自己的男人。

愛要比怨有用得多——

一張桌子，半臂的距離，愛就在碗裡。當愛在婚姻生活中變得不再新鮮時，多一點愛和理解給對方，不一定能挽回一段疲憊的情感，但至少可以讓自己保持尊嚴和對愛的嚮往。

04 依然幸福浪漫

聽很多人說，結婚是枷鎖，失去了自由不說，一切興趣、愛好都會隨著時間的流逝慢慢消失，連好朋友之間也沒有以往那麼親密了。可是，當英華終於走上了她人生的第二旅程時，卻感覺生活比從前更浪漫、更充實、更富有情趣了。

在英華的朋友中，那些沒有結婚的總愛圍著她，要她跟她們講婚後的生活與感受，她們還喜歡到英華的家中去做客。到她家便會有一種新感覺，可以看出她與丈夫是真真實實地過生活的人。

英華說：「結婚並不是把人束縛得那樣緊，關鍵是在於婚後怎樣去創造生活、調節生活。」

英華很珍惜生命中所走的每一步，既然與所愛的人共同走在一起，便決心一定要把生活點綴得色彩斑斕。婚後，他們沒有馬上生孩子，閒暇時間仍然堅持學習。由於他們住在郊區，每天看到鄰居家的小孩在外面亂跑亂鬧，曾從事過教育工作的英華，立刻有一種想法，與丈夫一起商量後，利用每晚閒暇時間，在家裡辦起了兒童英語學習班。

這樣，他們白天沒有耽誤工作，下班回家一個做飯，一個教課，生活過得既緊張又充實，而且覺得自己所做的事也很有意義。

當他們漸漸有了積蓄的時候，英華買了一架電子琴，每天清晨，便坐到琴前，全身心充滿激情地去彈奏貝多芬的《獻給愛麗絲》，用小提琴音色彈奏《梁山伯與祝英台》、彈奏自己喜歡的《水手》、《在水一方》等一些通俗歌曲。

總之，無論心情怎樣，都會有一些與之相應的樂曲，這讓英感受著生活的充實與快樂。

用心去生活——

活著就要追求，追求完美，追求事業，追求值得追求的一切。

不要一味地抱怨，要知道，沒有不能改變的境況，只有不肯追求的心。

05 解決問題

一個年輕人抱怨妻子近來變得憂鬱、沮喪，常為一些雞毛蒜皮的事對他嚷嚷，並開始罵孩子，這都是以前不曾發生的。他無可奈何，開始找藉口躲在辦公室，不想回家。

一位經驗豐富的同事問他，最近是否和妻子爭吵過。

年輕人回答說，為了裝潢房間發生過爭吵。他說：「我愛好藝術，遠比妻子更懂得色彩，我們為了每個房間的顏色大吵了一場，特別是臥室的顏色。我想漆這種顏色，她卻想漆另一種顏色，我不肯讓步，因為她對顏色的判斷能力不強。」

同事問：「如果她把你辦公室重新佈置一遍，並且說原來的佈置不好，你會怎麼想呢？」

「我絕不能容忍這樣的事。」年輕人答道。

於是同事解釋道：「你的辦公室是你的權力範圍，而家庭及家裡的東西則是你妻子的權力範圍。如果按照你的想法去佈置『她的』廚房，那她就會有你剛才的感覺，好像受到侵犯似的。當然，在房間佈置問題上，最好雙方能意見一致，但是，如果要商量，妻子應該有否決權。」

年輕人恍然大悟，回家對妻子說：「妳喜歡怎麼佈置房間就怎麼佈置吧，這是妳的權力，隨妳便吧！」

妻子大為吃驚，幾乎不敢相信。年輕人解釋說是一個同事開導了他，他現在知道了自己的不對。

妻子非常感動，後來兩人言歸於好。

給予彼此足夠的空間——

在兩個人的世界中，很難再保持兩個人之間的習慣距離，然而，在兩個人的相處中，只有彼此給予了足夠的空間才能讓愛有呼吸的空間。

06 遺失的戒指

她站在河堤上，不時伸出左手，看著無名指上的那只戒指。

戴了十五年的白金戒指，已經不是結婚時剛戴上去的那種樣子。十五年安安定定的生活，使在那戒指周圍的肉鼓脹出來，戒指嵌於其內。

她心裡七上八下，好像在做著見不得人的勾當。

一邊在堤上慢慢地走，一邊轉動著戒指。終於，她澀澀地強拉下了那只銀灰色緊箍咒似的戒指，咬了咬牙，心一橫，竟感覺眼睛裡有些濕熱。

戒指落水的聲音，還沒有她心跳的聲音大。她想：「或許有一天有人在這裡釣魚會釣起那個戒指……會把那戒指又歡天喜地送給他所愛的人……會是一則美麗的傳奇……」想著想著，她心裡平靜下來，惘惘然走下堤岸，朝回家的路上走去。

夜裡，她跟丈夫鑽進被褥，摟著丈夫溫柔地說道：

「再給我買只結婚戒指，好不好？」

黑暗裡，丈夫摸到她左手的無名指上：「掉了？怎麼會呢？明天在屋裡好好找找，說不定就在床底下。」

「我已經找了一整天了，真的掉了。」

沉默半晌，她說：「如果你肯戒菸，我向別人借一些，就可以再買一個結婚戒指。」

「戒菸事小，答應老大分期付款的電子琴呢，都拖了好久。」

「不行，你一定要再給我買只結婚戒指。」

「有沒有結婚戒指有什麼關係，反正婚都結了十幾年。」

「有關係的，有關係的。」她著急得都要生氣了。

沉默半晌，丈夫忽然說：

「告訴我，妳是不是外頭欠了賭債還是……？」

啪噠一聲，她轉亮了床頭小燈。丈夫看見她臉上竟淌著淚水，慌忙道：

「我並不是在乎錢，我只是不要妳一個人吃著暗苦。這幾天妳老是心神不寧的……」

她伸手抹臉，分外覺得左手缺著戒指的地方現著一道白痕。她說：

「前幾天，我陪李太太去算命。我也順便算了算。算命先生說我們倆是不能久合的命。前年沒相剋，今年必定會離婚。」

「胡說八道。」丈夫說。

「我也是不願意相信。可是，近來你越來越少回家吃飯。我想，就是不信也還是要做最壞的打算。」她動情地望著丈夫，繼續說：「我天天這樣想，要是這輩子跟你離了婚，下輩子，我下輩子，還要跟你結婚。」

丈夫感動得眼裡泛出淚水。她覺得淒涼又覺得欣慰，幽幽地說道：「我終於想出了一個好辦法。我要和你結兩次婚。」

啪噠一聲，丈夫轉熄了檯燈。黑暗裡，丈夫茫茫然問道：「結婚戒指到哪兒去了？」

她笑起來：「等你學會了釣魚，再告訴你。」

婚姻中不可避免的迷惘——

其實平平淡淡也是一種幸福，一種真實的幸福。

07 珍珠變成魚眼珠

那天，浩浩蕩蕩的一群人到她家來提親。

其實，早就講好的，可是不知怎的，沒有太多的欣喜，也沒有太大的驚恐，只有不得不面對的悲淒，還有一點想落淚的情緒，彷佛是壯士斷腕般犧牲的樣子。

當晚，在房裡毫無目的地收拾，想到日期一旦定下來，那告別單身就不再是個口號了。拿起鍾愛的《紅樓夢》，隨意翻了幾頁，夾頁的書箋和壓花紛紛落下，像是一種告別紅顏青春的儀式。

忽然被寶玉的一段話給吸引住了：水靈靈的女孩兒，生來就是一顆晶瑩剔透的珍珠，不知怎地，一旦結了婚，沾染了男子的濁氣，就變成一顆污濁不堪的死魚眼珠了。

她想打電話給他，告訴他自己的想法，這時他的電話來了。他用一種出乎她意料的開朗語調回答：「小傻瓜！妳想想看，寶玉說的那些死魚眼珠，是因為她們沒有遇到好老公，而妳遇到了我耶！我那麼愛妳，只會讓妳這顆珍珠顯得更加璀璨明亮，怎麼可能有機會讓妳變成死魚眼珠呢？」

他這一席話把她說服了，她棄甲投降，兩個月後跟他步上結婚禮堂。

結婚六個月後，她懷孕了。由於害喜非常嚴重，她每天披頭散髮，一臉慵懶疲憊，穿著睡衣在家中休息。有一次照鏡子，才赫然發覺她真的成了十足的死魚眼珠了，一頭焦黃的散發，因缺水而破皮的雙唇，過多睡眠而有些浮腫的雙眼。

啊！她不禁坐在地上為自己悲慘的現狀哭泣，自己竟然成了寶玉口中的死魚眼珠了！

一直到他下班回來，問明瞭原委說：「呀！傻瓜，妳現在不是珍珠也不是死魚眼珠了。」

「那我是什麼？」

「一隻大母蚌！一隻孕育我們小珍珠的大母蚌啊！」她想，她是隻快樂的大母蚌。

愛的另一種語言——

婚姻是一種現實的美麗，真正有心的人才能將婚姻中的瑣碎與重複變得新鮮有趣，然而也只有心中有愛的人，才能將慢慢褪色的愛情化作縷縷情思纏繞在相愛的夫妻之間。

08 香水愛戀

她和先生的情緣是香水牽的線，可以說她與先生的婚姻是香水之「緣」。

那是讀大三時一個周末的下午，宿舍的朋友們全都逛街去了，閒極無聊的她把玩著一支粉紅色的矩形香水瓶，忽然間突發奇想，她何不趁此閒暇，關起門來做一陣她嚮往已久的「香水秀」呢？

她開始翻箱倒櫃尋找從前逛街時因喜歡而購買的幾匹布料，尋尋覓覓中，選定了一塊白色的緞面絲綢，它有著很好的手感和質感，白底上印著隱約可現的暗花。布料選定後，她別出心裁地往身上一披，頸上一圍，頸後用晾衣夾固定住，一個半高的旗袍領就出現了，然後在腕上、耳後、裙裾間噴了一些香水，霎時，屋內如落了一場玫瑰色的花雨，整個屋子頓時變成了芬芳的海洋。

在這片芬芳的海洋裡，她站在鏡子前，身披高貴而精致的無袖白色暗花「旗袍」，自得其樂地在屋子裡走起了「台步」。

正得意間，虛掩的宿舍門被一個愣頭小子推開了，剛要開口說話的他被她的這身打扮驚得目瞪口呆。

他兩眼發光地盯著她看了幾秒鐘後，說：「哇，真是太酷了，想不到妳打扮起來有這麼美呀！」言畢，他深深地吸了幾口屋內的香氣，然後說：「聞香識女人，這種香水很適合妳，有一種柔情似水的感覺。」後來，這個組織能力極強的學生會會長開始追求她。

知道她喜歡香水，每次約會他都忘不了帶一瓶香水給她，當她問起他看上她什麼時，他對她說：「知道嗎，妳那天有多美，我回去後一直都忘不了看見妳時那一剎那的感覺，我想永遠擁有妳的美麗。」

大學畢業後，她與他因為香水之緣最終走到了一起。

婚後，每年她的生日他都忘不了送一束玫瑰花和一瓶她最喜愛的香水。因為這香水，先生和她把各種顏色奇形怪狀的香水瓶也當成了愛不釋手的寶貝。

在大學讀書時，記得曾經在一本雜誌上看到港台女明星收集香水瓶的故事，那時她和先生都讀不懂她們的癡情。隨著時光的逝去，現在他們懂了，收集香水瓶就是收藏歲月，收藏愛戀，收藏一個女人畢生的至愛。

透過香水，她深深地感受著與先生的心心相印。

今年四月，不知不覺她的生日又來臨了，先生一手舉著玫瑰花，一手舉著一瓶伊麗莎白・雅頓的香水送給她。此時此刻，所有曾經的感覺又湧上心頭，淚水竟然奪眶而出。

先生看著她被深深打動的樣子，一把將她攬進懷裡笑著說：「每個生日我都要送妳香水，直到我們的金婚紀念日，我們守著五十多個五光十色的香水瓶，對著相機的鏡頭笑個不停，我想肯定是一幅有趣的畫面。」聽著先生想像力豐富的妙語，嗅著他脖頸間沾染的香水味，她禁不住笑了。

是香水讓她和先生走到一起的，握著手中這瓶在她第三十六個生日時先生送她的香水，她隱約覺得，金婚紀念日時那瓶香水的幽香正曼妙飄來。

婚姻可以是愛情的溫床——

只要有心人用心對待愛情、愛人和婚姻，愛情就可以在精心呵護下變得更加美麗和溫馨。

09 最喜歡的東西

很久以前，一座城市的居民經常與另一座城市的居民打仗，很多年都分不出勝負。他們唯一的區別是，一座城市坐落在高處，另一座坐落在低窪處。

處在高處上的城市頭領想出一個令人瞠目結舌的絕人之道——他把高處的水庫打開，結果可想而知，窪地的城市被大水圍困，注定要滅亡。水庫打開，呼叫之聲不絕於耳。

看到如此的慘狀，處在安全處的受困者做出了一個人道的決定，他們派船去營救落水人。但是，派遣的船隻不多，只能容納極少的一部分人。去營救的將士怕亂了秩序不僅救不了人還會陪上自己的性命，所以他們只讓婦女上船，並要求婦女們只能帶自己最喜歡的一樣東西。有的帶上自己的玉鐲；有的帶上自己的金銀首飾；有的帶上自己的銅鏡……她們想這樣既保住了自己的生命，又不會失掉自己的財產。

其中有一位婦女肩上扛著自己的丈夫，奮力上船。一個士兵阻攔道：船上只允許上婦女，不許運男人。那位婦女說：這就是我最喜歡的東西。士兵無言以對，只好乖乖地讓她上船。

在那次災難中，落水的男人們唯一幸存的，就是那位婦女的丈夫。

在你心中什麼最重要——
永遠把愛人放在第一位，與自己的愛人同生死，共患難，只有這樣，在經歷了風風雨雨後，才能獲得真正的幸福。

三個男孩，三個女孩，他們到佛羅里達去。他們用紙袋裝著夾肉麵包和葡萄酒，坐上了長途公車，夢想著金黃色的海灘和藍天般的海潮。灰暗寒冷的紐約，在他們後面消失了。

長途汽車隆隆南駛，愛德華引起了他們的注意。他坐在他們的前面，身穿一套不合身的襤褸衣服，動也不動，灰塵滿面，使人看不出他的年紀。愛德華不斷地咬嘴唇，寡言得彷彿處身愁繭，默無一言。

長途汽車深夜駛抵華盛頓郊外，停在路旁一家餐館門外。大家都下了車，只有愛德華沒下，在座位上像生了根似的。這幾個青年覺得奇怪，就猜想他究竟是何等人物：也許是船長，也許是　妻離家的人，還有可能是解甲歸田的老兵。他們回到車上，有個女孩主動在愛德華旁邊坐下，向他自我介紹。

「我們是到佛羅里達去的，」她爽朗地說，「聽說那兒風景很美。」

「不錯」，他淡然回答，彷彿勾起了想要忘卻的事。

「要喝點酒嗎？」女孩問。他露出笑容，喝了一大口，然後謝謝女孩，接著又悶聲不響了。過了一會兒，女孩回到自己一夥人那裡，愛德華在車上打起了盹。

早上，大家醒來，車已開到另一家餐廳外面，這一次愛德華下車進去了。女孩堅持艾德華和自己一道吃東西。他好像很難為情，但還是坐了下來，叫了杯不加牛奶的咖啡，年輕人閒談著露宿沙灘的事，他卻緊張地抽菸。

再上車，女孩又和愛德華同坐，不久，他不勝辛酸地慢慢說出了自己的滄桑。他在紐約坐了四年牢，現在獲釋回家。

「你有太太嗎？」

「不知道。」

「你不知道？」女孩問。

「說來話長，我在牢裡寫信給妻子，」他說，「告訴她我要很久才能回家，要是她受不了，要是孩子老在問這問那，要是她覺得太丟臉，就忘掉我吧。我會理解她的。我曾和她說過要她另找個男人嫁了，忘掉我並且告訴她不必再寫信給我了。之後，在這三年半裡她沒有再來信了。」

「你現在回家，還不知道情形怎麼樣嗎？」

「不知道，」他很靦腆地答，「是這樣的，上週我確定可以假釋，便寫了封信給她。告訴她，小鎮口有棵大橡樹，假如還要我的話，就在樹上掛條黃手帕，我就下車回家。假如不要我，就不必了。沒有手帕，我就不下車，一直走下去。」

女孩被他的故事感動了，她真心希望他能在家鄉的路口看見那條黃手帕，於是一路上女孩瞪大了眼睛望著路邊的橡樹。

「看那邊，」女孩忽然叫了起來，「快看那邊！」

順著女孩手指的方向，愛德華看見在路邊幾百米外的一棵橡樹上飄滿著黃手帕，手帕像一面面小黃旗一樣迎風飄揚，像一張張笑臉歡迎著愛德華。

愛的包容——

愛是世界上最脆弱的，它經不起任何一點刺激和碰撞；但愛又是世界上最堅強的，只要你用心去愛，用心去呵護，它便可以包容下所有的委屈和等待，陪你度過漫漫一生。

11 疼痛的玫瑰花

一個成功的男人——允禎，智慧和財富都有了。同樣，逢場作戲的風花雪月故事他亦不缺乏。

允禎的妻子一直為他默默地驕傲著，從貧困走向富足，從失敗走向成功，她瞭解每前進一步都費盡了他無數心血，她常常想，自己只是為他做做飯，洗洗衣，並生了個兒子，比起他的輝煌實在是太渺小了。

他每日在外交際，和各種人打交道，在人群中揮灑自如，往往回到家卻一身疲憊，習慣了她接過外套，端來的咖啡和恰到好處的熱毛巾，然後，酣然睡倒在她鋪好的軟被中。

後來，允禎有了情人，並且不止一個；他學會了賭博，一夜輸掉幾萬；他的脾氣越來越大，不但手下的員工怕他，就連她也漸漸地不敢靠近他。她流過淚，無數次躲在他背後黯然神傷，但她一直堅信他還是愛她的。

秋風夜雨的日子，飯菜漸涼的傍晚，無數次的等待與失望讓她年輕的容顏日漸憔悴，掩飾在一副滿足與快樂外表下的那顆心，也漸漸地裂開並滲出血絲。

終於有那麼一天，他幾乎包下了一家花店所有的玫瑰送人，最後剩下的兩、三枝，他用透明的花紙包裝起來拿回了家，那是他第一次送她的玫瑰。

她沒有意料中的驚喜，只是表情平靜地接過，找到一個久置未用的花瓶灌滿了水將花插了進去。

一天回家，他不經意地發現送她的那幾朵玫瑰正在怒放，似有無限生機從根部湧上來，他很詫異，問她這玫瑰怎麼開了這麼多天？

她看著他，緩緩地說：「玫瑰從花枝上剪下來，就注定不會活得太久，因為它太痛，我在那水裡放了幾顆止痛藥，所以才開到現在。」

他剎那間悔悟了，眼前的她不就是那遲遲不肯死去的玫瑰嗎？假如玫瑰的傷可以用藥止疼，那麼心靈上的傷用止疼藥能修復嗎？她堅持那麼開放著不就是為了有一天能躺在愛人的懷中不再傷痛嗎？

他流著淚在她的面前悔過，深深地吻了一下她，然後將她和那瓶玫瑰緊緊地摟在懷裡，再也不願鬆開。

不要傷害最愛你的人——

人總是在成功的時候很難意識到什麼對於自己才是最重要的。

12 半個世紀以前

儘管她已經六十歲了，但依然是位好看的老太太。臉上的紋路，掩不住她挺秀的鼻梁；眼角雖然下墜，但她仍舊有雙輪廓分明的大眼睛，只是眼珠子有點泛灰。

跑在她身旁的，是她的先生。這位矮個子老頭都六十六歲了，卻有著異於常人的健壯，他挺著腰桿慢跑。老太太急忙跟在他後面快步走。

每隔一、兩分鐘，他們之間的距離拉遠了，她就喊：「哎！慢一點。」老頭就會慢下來與她並肩而行，活像她手中有線牽著他似的。

但過一會，他跑得興起，不自覺又越過她到前頭去。她又喊：「哎！慢一點。」他這麼一快一慢，離她時遠時近。

他們晨練到公園門口停下來。老頭一本正經地說：「我去買報紙，妳在這裡等，別亂走！」

老太太表現出聽話的樣子點點頭。心裡卻微笑著，享受他帶點跋扈的關切，四十年了！

她站立在公園裡面，忽然聽見小路對面的林子裡傳來一陣鳥叫聲，葉影之中，棲落一隻長尾的大鳥，垂著色彩斑斕的尾巴。是山雞嗎？這裡竟然有山雞？她忍不住走過去看個究竟。

就在過路的時候，出了意外！

一個八歲左右的小男孩騎腳踏車飛馳而來。他來不及剎車，老太太砰地一聲被撞摔倒在地上。

闖禍的小男孩在三米多外把車給剎住了，他把車一扔，匆匆跑向老太太。她正自己慢慢爬起來。幸好，腳踏車只擦到她的衣袖，她一步沒踏穩才跌倒了。小男孩慌慌張張地扶著她的胳膊。她抬起頭，見到一張蘋果臉，晨曦映在他棕色的眸子裡，他一臉都是焦急的神情，是個好孩子。可是這張臉她在哪兒見過……

突然，兩張畫面在她腦海中交錯出現。

第一張畫面是半個多世紀以前的事，她以為早就遺忘了，現在卻清晰地閃現。那時她也很小，是這個小男孩的年紀。她也跌倒了，像現在。可是並不是被腳踏車帶倒的，而是在人潮中跌倒的。

到處是奔跑的人，跟媽媽被人群衝散了，是在上海吧，遠處傳來槍聲。她給撞倒了，是個小男孩撞的，一個不認得的、有蘋果臉的小男孩。那個小男孩連忙扶起她。一臉焦急，怕她跌壞了，因為她有著一張可愛的臉，她是個漂亮的小女孩。她找不到媽媽，本來非常慌張，但是見他急得只會嚷：「哎呀！哎呀……」她覺得好玩，反而笑了，說：「不怕！不怕！」他倆手拉手跑到街邊，坐在石階上看熱鬧。

因為他們太開心，兵荒馬亂的場面反倒像在演戲。他們樂得直拍手掌。不久媽媽找到了她，把她帶走了，以後再也沒有見過那個小男孩。

第二張畫面很熟悉，因為她以前重溫過很多次了！她爬下岩石，赤腳踏入急湍的溪水之中，不小心踏在水裡一塊滿是青苔的石上，一滑身子就溜下水去，他及時一把拉起她，他圓圓的臉佈滿焦急，像整個心都攤在臉上。就從那一刻起，她沒來由地愛上這個助教。

以後四十年如藤似地依附在他身上。當時同學們都不瞭解，她是系花，說什麼也不可能喜歡上那個又矮又胖的助教。以前她也問過自己這個問題，大概這就是一見鍾情吧！也不對，在學校三年，跟他見過很多次，她一直沒有一點特別的感覺，怎能算是一見鍾情呢？為什麼到了三年級系裡去郊遊，他扶了她一下，就會沒頭沒腦地愛上他呢？現在她終於瞭解了：她愛上他，是因為一種人間的善意。

「阿婆，怎麼了，妳怎麼了？」小男孩見這位老太太站著直看他，看得他不知所措。

她忙定下神來，親切地摸摸他的頭髮說：「我沒事，小弟弟乖，你去騎你的車吧！」

老頭推開公園的旋門，踏著四平八穩的步子走來。

她笑著迎上前去，本想說：「有個祕密你要不要聽？」但見他一本正經的樣子，她就把話吞回去了。

老頭說：「我們回去吧。妳不要彎著腰，駝背不好看。」

她跟在他後面快步走，心想，現在不告訴他，到他不那麼一本正經的時候，在他們入睡之前，最鬆弛，整個身心都敞開的時候再告訴他，當初為何自己會愛上他。

青春是一首很美的老歌——

人到年老，最愜意的事莫過於回想當年。人生需要你付出一種時間來欣賞你自己活出的色彩，當年少時的某個片段不經意跳入你的眼簾，你一定要好好品味，因為你的回憶會因為你的珍視更加美麗。

13 孔雀的悲哀

正在上班，小林的朋友突然神祕地對小林說：「做一個心理小測驗如何？」

「有五種動物，聽好了，老虎、猴子、孔雀、大象、狗，你到一個從未去過的原始森林探險，帶著這五種動物，四周環境危險重重，你不可能都將牠們帶到最後，你不得不一一地放棄。你會按著什麼樣的順序放棄呢？」

考慮良久之後小林說：「孔雀、老虎、狗、猴子、大象。」

「哈哈哈……」朋友大笑起來說：「果然不出所料，你也首先放棄孔雀。知道孔雀意味著什麼嗎？」

朋友一一向小林解釋：「孔雀代表你的伴侶、愛人；老虎代表你對金錢和權力的欲望；大象代表你的父母；狗代表你的朋友；猴子代表你的子女。這個問題的答案，意味著在困苦的環境中你會首先放棄什麼，讓你看看自己是什麼樣的人。」

「孔雀代表我的愛人？」小林呆了。「在困苦的環境中我會最先放棄我的愛人？我是這樣的人嗎？在選擇中，我為什麼首先放棄孔雀呢？因為我覺得孔雀是在艱苦的環境中最不能幫助我的東西。」

小林對朋友的評價很不以為然，於是開始讓許多人來做這個遊戲。正像朋友說的那句話，無一例外大家首先放棄的都是孔雀。

有一天小林打電話給一位朋友的時候突然想起了這個問題，於是也讓他做。這個朋友考慮很久之後說：「猴子、老虎、大象、狗、孔雀。」小林大吃一驚，因為這個朋友是他遇到的唯一一個最後選擇放棄孔雀的人。

「為什麼最後放棄孔雀？」小林問。

朋友的回答讓小林倒吃了一驚，朋友說：「你想想，在這所有的動物中，唯有孔雀是最沒有保護自己的能力，我怎麼能輕易放棄，讓牠身陷於一個危險的環境中呢？」

態度決定選擇——

從一個人的選擇中，或多或少都能看出這個人面對事物的態度。而在選擇的過程中，往往太多地考慮了別人對我們的付出，而不會想到別人同樣也需要我們的付出。

14 不合腳的破皮鞋

亨利小時候學習非常刻苦，後來被保送到威廉皇家學院。那裡的學生家庭條件都非常富有，只有亨利家裡窮，買一本書都非常困難，因而他根本沒有錢去買漂亮的衣服，他總穿著一件破舊的衣服和一雙大很多的破皮鞋，同學們常常譏笑他，說那雙鞋是他偷的。亨利很氣憤，但他克制住自己沒有發作。同學們以為他好欺負，就罵他是小偷，這件事後來被學監知道了。

一天，亨利被學監叫到辦公室，他可不希望學校裡有個小偷存在。他面孔鐵青，兩眼怒視著亨利腳上的那雙破皮鞋。

亨利已明白教務長的意思，他沒作聲，默默地從懷裡掏出一張起毛的紙片，交給了教務長。

教務長看著看著，怒氣全消了，並面帶笑容，當他看完後，把手放在了亨利的肩上說：「很抱歉！」亨利委屈的淚水流了出來。

原來那是亨利的父親給他的一封信，上面寫著：「亨利，我的那雙破皮鞋，穿在你的腳上顯得太大了，也很不好看，很抱歉。我抱著這樣的希望，如果你一旦有了成就，我將引以為榮，因為我的兒子是穿著我的破皮鞋努力奮鬥成功的……」

享利沒有讓父親失望，多年後他成為一名物理學家。

給予關愛——

每一個人對他人多付出一點信任，多給予一些關愛，世界會變得更加精彩。

15 自己的位置

邁克在求學方面一直遭受著失敗的打擊，高中未畢業時，校長便通知他母親把他領回家，母親很傷心，決定用自己的力量把兒子培養成才，但是邁克對讀書實在不感興趣，只對那些亂七八糟的木頭石頭情有獨鍾，以致於沒有一所大學肯錄取他。母親失望了，對邁克說：「你走自己的路吧，沒有人再對你負責，因為你已經長大了！」

邁克知道自己在母親的眼中是個徹底的失敗者，他很難過，告別了母親，他決定到他鄉尋找自己的事業。

許多年後，市政府為了紀念一位名人，決定在一個廣場上置放名人的雕像。眾多的雕塑大師紛紛獻上了自己的作品，最後入選的是一個遠道而來的雕塑大師的作品，他的作品獲得了市政府及專家的認可。

在開幕式上，這位雕塑大師說：「我想把這座雕塑獻給我的母親，因為在讀書時我的失敗太令她失望和傷心，現在我要告訴她，大學裡雖然沒有我的位置，但生活中總會有的。我想對母親說，希望今天的我不會讓她再次失望。」

找到屬於你自己的位置——

人只有在為自己的興趣和志向去追求和努力的時候，才會覺得人生的意義。

16 愛的理由

「記得那天，我借了你的新車，撞凹了它，我以為你一定會殺了我，但是你沒有。記得那天，我在你的新地毯上吐了滿地的草莓餅，我以為你一定會厭惡我的，但是你沒有。記得那天，我忘了告訴你那個舞會是要穿禮服的，而你卻穿了牛仔褲，我以為，你一定會向我發怒，但是你沒有。是的，有許多的事我都沒有做，而你容忍我、鍾愛我、保護我，有許多許多的事情我要等你從越南回來回報你，但是你沒有。」

這是一位普通美國婦女的詩作，她的丈夫入伍去了越南戰場，後來陣亡。她終身守寡，直至年老病逝。她的女兒在整理遺物時，發現了母親當年寫給父親的這首詩。

「你沒有成為我的新娘，你沒有在那個路口回頭，你沒有說清楚為什麼，你沒有……你以為我會恨，會有新的愛情，會忘記一切，會……，但是我沒有。」

愛是不需要理由——

愛一個人是不需要理由的，因為愛本身就是最大的理由。

謝謝您購買 看好未來的你，不要自己嚇自己 這本書！

即日起，詳細填寫本卡各欄，對折免貼郵票寄回，我們每月將抽出一百名回函讀者寄出精美禮物，並享有生日當月購書優惠！

想知道更多更即時的消息，歡迎加入"永續圖書粉絲團"

您也可以利用以下傳真或是掃描圖檔寄回本公司信箱，謝謝。

傳真電話：（02）8647-3660　　信箱：yungjiuh@ms45.hinet.net

☺ 姓名：　　□男 □女　　□單身 □已婚

☺ 生日：　　□非會員　　□已是會員

☺ E-Mail：　　電話：（　）

☺ 地址：

☺ 學歷：□高中及以下 □專科或大學 □研究所以上 □其他

☺ 職業：□學生 □資訊 □製造 □行銷 □服務 □金融
□傳播 □公教 □軍警 □自由 □家管 □其他

☺ 您購買此書的原因：□書名 □作者 □內容 □封面 □其他

☺ 您購買此書地點：　　金額：

☺ 建議改進：□內容 □封面 □版面設計 □其他

您的建議：

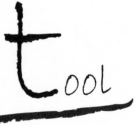

廣告回信
基隆郵局登記證
基隆廣字第 57 號

新北市汐止區大同路三段一九四號九樓之一

大拓文化事業有限公司收

請沿此虛線對折免貼郵票，以膠帶黏貼後寄回，謝謝！